季·

01

一汽技术中心主任、中国工程院院士

李骏

02

中国汽车工业协会副会长、中国汽车报社原社长

李庆文

03

国家信息中心信息资源开发部主任

徐长明

第四季·

01 中国汽车工业协会副秘书长

李万里

02 国家发改委产业协调司机械装备处处长

吴卫

03 北京市环保局机动车排放管理处处长
李昆生

04 中国社科院工业经济研究所工业发展室主任
赵英

赵福全（左一）、陈玉东（左二）、徐和谊（左三）、付于武（左四）、李庆文（右三）、李斌（右二）、徐进（右一

◎主创团队◎

01 本书作者赵福全、苏瑞琦、刘宗巍合影留念

◎项目团队◎

02 凤凰汽车胡津南、王巍、苏瑞琦合影留念

赵福全研究院·汽车强国系列

探索汽车强国路

赵福全　苏瑞琦　刘宗巍　**编著**

机械工业出版社

本书是赵福全研究院·汽车强国系列第二辑，书中集中展现了知名汽车专家赵福全教授在主持凤凰汽车《赵福全研究院》高端访谈栏目时，与中国工程院院士李骏、《中国汽车报》社长李庆文、国家信息中心信息资源开发部主任徐长明、国家发改委产业协调司机械装备处处长吴卫、中国汽车工业协会副秘书长李万里、北京市环保局机动车排放管理处处长李昆生、中国社会科学院工业经济研究所主任赵英，以及在“重塑汽车产业”巅峰对话活动中的访谈内容。书中还就汽车产业的国家战略、产业政策、市场前景、技术路线、融合发展等内容进行了深度剖析。

本书适合汽车行业、企业管理人员、研究人员阅读参考。

图书在版编目（CIP）数据

探索汽车强国路／赵福全，苏瑞琦，刘宗巍编著. —2版. —北京：机械工业出版社，2017.2

（赵福全研究院. 汽车强国系列）

ISBN 978-7-111-56050-0

Ⅰ.①探… Ⅱ.①赵… ②苏… ③刘… Ⅲ.①汽车工业-工业发展-研究-中国 Ⅳ.①F426.471

中国版本图书馆 CIP 数据核字（2017）第027788号

机械工业出版社（北京市百万庄大街22号 邮政编码100037）
策划编辑：赵海青 责任编辑：赵海青 於 薇
责任校对：张 力 责任印制：常天培
北京圣夫亚美印刷有限公司印刷
2017年3月第2版第1次印刷
169mm×239mm·17印张·2插页·202千字
0001-3000册
标准书号：ISBN 978-7-111-56050-0
定价：69.00元

凡购本书，如有缺页、倒页、脱页，由本社发行部调换

电话服务
服务咨询热线：010-88361066
读者购书热线：010-68326294
010-88379203

网络服务
机工官网：www.cmpbook.com
机工官博：weibo.com/cmp1952
金书网：www.golden-book.com
教育服务网：www.cmpedu.com

有一种对话：酒逢知己，不吐不快

付于武

中国汽车工程学会理事长

作为凤凰汽车《赵福全研究院》被采访的嘉宾之一，同时也作为一位汽车行业的老兵，我在过去50年中一直参与汽车产业的发展，也见证了最近20年中国汽车工业的腾飞。今天我有很多感触想和大家分享。

实际上，中国汽车产业从来没有面临像今天这样的历史机遇。同时，也从来没有面临像今天这样的严峻挑战。机遇来自于我们连续七年坐拥汽车产销规模世界第一；机遇来自于中国制造业转型升级正在进行时，而汽车已明确作为重点领域之一进入“中国制造2025”战略规划；机遇更来自于当前席卷全球的新一轮科技革命，整个世界汽车产业都在重塑中。作为后来者，中国确实迎来了千载难逢的赶超机会。

但是与此同时，挑战也是空前的。能源、环境、拥堵、安全等四大制约因素日益凸显，对汽车产业的可持续发展构成了现实挑战，尤其对于“跑步”进入汽车社会的中国，更是如此。特别是，尽管中国汽车产业取得了长足的进步，但总体上依然大而不强，集中体现在本土自主品牌汽车企业的弱势地位。

必须清楚：汽车对于中国，意味着国民经济的支柱与先导、制造强国的载体与抓手，汽车强，则制造业必强；意味着13亿人民的便利出行和社会资源的顺畅流通，是不可或缺的交通手段，也是新一轮城镇化进程的战略支点；意味着民生福祉的提升和稳定内需的基石，享受汽车生活是众多百姓心中的“中国梦”。因此，中国汽车人责无旁贷，必须把握机遇、应对挑战，突破制约因素，做强本土企业，让汽车产业为国家和人民做出更大的贡献。

正是在这种情况下，汽车行业内外的众多同仁都在思考应该如何加快建成汽车强国和健康汽车社会。总结历史，理清现状，展望未来，寻求突破，可谓正当其时，而且异常紧迫。

然而大家知道，汽车产业实在太过复杂，牵涉广泛，所以各方的观点往往莫衷一是，甚至大相径庭。整个行业可以说不乏各种交流与讨论，各类论坛、研讨会比比皆是，但是我觉得可能最需要的是，真正由专家提问、专家解答，在深层次碰撞思想、凝聚共识的一个平台，真正轻松自由、充分交流、畅所欲言，类似老友聚会的一种形式。

而凤凰汽车《赵福全研究院》就找到了这种形式，搭建起了这个平台，应该说这是一种了不起的独创，体现出了凤凰汽车追求高端的自我定位、前瞻思维的战略眼光。而我也有幸受邀参与其中，在交谈中，确实有深刻的问题和专业的互动，让我把自己心中所想有条理地和盘托出，也让我真正感受到了酒逢知己、不吐不快的畅快。我觉得这种机会太难得了，这个平台太重要了！

《赵福全研究院》栏目上线后，我得到了很多领导、专家从不同层面的反馈。与我的感受一样，大家都给予了极高的评价，更有很多人建议将这些讨论进一步系统整理成册，发挥指导行业发展的更大作用。令人欣喜的是，凤凰汽车顺应了大家的需求，在机械工业出版社的大力支持下，开创了网络媒体反向借助书面媒体进行持久传播和记载历史的新纪元。经过作者认真的书面再整理和系统总结，推出了今天大家看到的这本《洞见汽车强国梦》，确实难能可贵。

在此，利用这个机会我想对凤凰汽车策划和发起这件事情的所有领导、同事表示由衷的感谢和赞赏。感谢凤凰汽车《赵福全研究院》项目组的全体同志认真策划选题，积极邀约嘉宾，把各项工作进行得井井有条。欣赏具体操盘此事的苏瑞琦同志，工作细致入微、一丝不苟，让这个构思逐渐细化和完善起来。同时也为受邀担任主持嘉宾的福全院长点赞！福全是我的老朋友了，也是各位受访嘉宾的老朋友。他是有着特殊代表性的行业翘楚，无论海外还是国内，技术还是管理，产业还是学术，都有独特的经历和深厚的积淀，也是大家公认的汽车界金牌主持人。有他的担纲掌舵和亲力亲为，这一场场极具价值的巅峰对话才得以如此精彩纷呈、振聋发聩。还有福全长期栽培的小刘（刘宗巍）博士，他的专业整理和文字功底，让如此饕餮盛宴清晰顺畅地跃然纸上。

也对所有参与访谈的嘉宾、发行本书的机械工业出版社，以及关注支持凤凰汽车《赵福全研究院》栏目和《洞见汽车强国梦》书籍的全体同仁们表示感谢。大家辛苦了。

我相信，这本集聚十位汽车业界专家心声的汽车强国建言书，将为国家建言献策、给企业指点迷津，其战略价值将历久弥新、不断彰显。我也希望凤凰汽车的全体同仁以及福全院长能够百丈竿头更进一步，把《赵福全研究院》这个高端对话栏目持续办下去，并不断总结成书。它不仅应该成为汽车行业深刻思想碰撞的平台、系统战略指导的源泉，也应该成为中国汽车发展史的宝贵记录，记载中国汽车强国的艰辛历程和中国汽车人的拼搏与探索！

谢谢大家。

（本文系付于武先生在2016年2月24日《洞见汽车强国梦》新书发布仪式上的致辞）

序二 Preface

媒体定位与内容价值

刘　爽

凤凰汽车新媒体首席执行官、执行董事、凤凰卫视有限公司
运营总裁

高端访谈栏目《赵福全研究院》自2014年4月在北京车展推出以来，迄今已成功推出四季，共有16位重量级专家相继应邀参加访谈，栏目得到了海内外众多同仁的广泛关注和积极反馈。

通过这个栏目，各位专家把多年积累下来的真知灼见倾囊托出，从而形成了《洞见汽车强国梦》这本具有宝贵观点和意见的行业图书。

有很多人曾问我，在互联网时代，每天产生的信息数以亿计，辛辛苦苦做一本书的意义在哪？但我觉得这是一件非常严肃而且很有必要的事。在这件事上，我们未尝有一丝的怠慢。

“中国制造2025”提出了建设制造强国的战略规划，汽车产业位列重点领域之一。值此全球制造业转型与中国建设汽车强国的关键期，如何加快建成汽车强国和健康汽车社会，一直都是备受热议话题，有过讨论，当然也不乏争执。

作为媒体，凤凰汽车希望搭建一个具有公信力和影响力的平台，汇

聚行业观点，进行思想碰撞，《赵福全研究院》正是顺应了这一重要需求，致力于打造汽车界的“老友记”，努力为汽车行业最核心的疑问寻找答案。

这是一个信息爆炸同时知识碎片化的时代，虽然我们能更快地接触到最新的信息，但在深度关注某一具体领域时，太多的信息和线索反而带来了麻烦。如何串联这些信息，使我们可以在面对这个时代时，更清晰地把握脉络。这个时候，证明严谨、观点详实，更专注于内容本身的书籍，成为更好的选择，我想这也是《洞见汽车强国梦》这本书的最大意义。

在这样一个信息多终端的时代，我们当然希望依靠内容差异性和稀缺性抢占先机，但与此同时，凤凰汽车作为媒体，始终在考虑如何让受众可以更专注于好的内容。好内容的意义在于，首先，去伪存真，使媒体保持公信力和权威性；其次，启人心智，推动社会发展。我们相信，优质的内容永远是受众最需要的，优质的内容永远应该是媒体的原点。

最后，值此成书之际，我要特别感谢清华大学汽车产业与技术战略研究院院长赵福全教授的倾力付出，感谢每位做客《赵福全研究院》的行业专家和企业领导的全力配合。正是因为各位的共同努力，才有机会将《洞见汽车强国梦》这本书付诸出版。谢谢大家！

（本文系刘爽先生在2016年2月24日《洞见汽车强国梦》新书发布仪式上的致辞）

前言 Preface

我与凤凰汽车合作的《赵福全研究院》高端访谈栏目始于2014年4月，旨在打造一个汇聚行业顶级专家，深度交流，碰撞思想，为国家、产业和企业提供建议的车界“老友记”平台。栏目推出以来，颇受各方肯定与赞誉，也让我们备感鼓舞。此后，应大家的强烈要求，我们决定将该栏目的内容进行编撰总结，既有精心梳理修订得到的“高端访谈”对话实录，又有系统归纳、提炼而成的“论道车界”强国强企建言，并形成了固定的范式，以每年一册的系列丛书的形式付梓，以飨读者。第一册《洞见汽车强国梦》包含了《赵福全研究院》第一、第二季共九场对话，约14万字，已于2015年与读者见面，也得到了各界的高度关注与广泛好评。

在此基础上，又经一年的努力，我们编撰完成了《赵福全研究院》高端访谈栏目系列丛书之二《探索汽车强国路》。包含了《赵福全研究院》第三、第四、第五季共八场高端对话。其中，第三季我们邀请的嘉宾是既有企业实战经验、又有产业战略思考的李骏院士，执掌行业权威媒体《中国汽车报》长达18年的李庆文社长，以及从事汽车行业研究和信息分析的资深专家徐长明主任；第四季是行业管理专场，四位重量级嘉宾包括发改委产业协调司机械装备处吴卫处长，工信部产业政策司原副巡视员、现中国汽车工业协会副秘书长李万里，北京市环保局机动车管理处李昆生处长，以及中国社会科学院工业经济研究所、长期从事汽车产业经济研究的赵英主任；而第五季则是一场别开生面的群访互动，借《洞见汽车强国梦》新书发布会暨重塑汽车产业巅峰对话之机，我与来自不同领域的六位重量级嘉宾进行了深入交流，包括中国汽车工程学会理事长付于武、原《中国汽车报》社长李庆文、北京汽车集团董事长徐和谊、博世中国总裁陈玉东、跨界车企代表蔚来汽车董事长李斌，以及来自传媒界的凤凰汽车高级副总裁徐进。

强大的嘉宾阵容使《探索汽车强国路》一书的内容更加丰富和全面，尤其在第二部分“论道车界”中体现得更为明显：国家战略、产业政策、市场前景、技术路线、融合发展五大主题，几乎覆盖了汽车产业和技术发展的方方面面、角角落落。无论是产业管理、创新发展、跨界融合，还是低碳战略、环保思考、品牌建设，莫不是引人关注的行业焦点与热点话题。当然，这也极大地增加了编写这部分内容的难度。诸位专家倾情奉上的真知灼见，既有对历史经验的系统梳理，又有对现状及变局的深入剖析，更有对未来发展的综合建议，观点犀利、精彩纷呈，让我们深感用心著书的责任，相信大家在阅读本书时也会深有体会。

当前，在新一轮科技革命的大背景下，一方面，全球制造业格局重构的变革期与中国建设汽车强国的攻关期形成了历史性交汇；另一方面，汽车动力革命与信息智能革命也形成了历史性交汇，跨界创新、融合发展从未如此强烈，中国汽车产业由此迎来了前所未有的历史发展机遇。然而，作为世界汽车产销第一大国，中国的产业规模之巨、牵涉要素之广、影响力度之大、发展速度之快、面临局面之复杂多变，在全球汽车产业发展史上也是绝无仅有的，无论是美欧还是日韩，均不可同日而语。我们没有标准的他国样板可供复制和简单跟随，唯有在借鉴吸收先进经验的同时，积极开拓创新，探索出一条适合中国国情、具有中国特色的汽车强国之路，最终实现后发赶超，并争取更大的成功！值此关键的历史时期，各位专家立足中国、展望世界的深刻思考与观点对撞，就更显得弥足珍贵。而我们这本《探索汽车强国路》书如其名，也可谓正当其时。

建设汽车强国是一项长期的系统工程，需要各方的通力协作和持续努力。我们希望《赵福全研究院》系列丛书，能够以各方专家的智慧和观点，为行业及企业发展提供一种参照和指引，为建设汽车强国提供一份信心和助力。同时，也希望这套丛书能够见证和记录广大中国汽车人上下求索的艰辛历程，陪伴中国汽车产业由大变强并不断健康发展。今后，我们会继续努力，坚持把这套丛书一本一本地编撰出来、累积下去，请大家一如既往地支持我们！

清华大学汽车产业与技术战略研究院　院长

2016 年 10 月 6 日

目录

Contents

第二部分 论道车界

附录 嘉宾简介

第一部分

高端访谈

01 对话中国工程院院士李骏——无法忽视的低碳危机

赵福全：凤凰汽车的各位网友，下午好！欢迎大家来到上海车展凤凰汽车“赵福全研究院”高端访谈栏目。首先，我们非常荣幸地请到了中国工程院李骏院士参加今天下午的访谈。李院士，请和网友们打个招呼。

李骏：各位网友好，我是李骏，来自中国工程院和中国一汽。

赵福全：李院士，当前汽车产业进入了一个非常纠结的时代。2020年，百公里5升的第四阶段油耗限值标准即将实施，同时二氧化碳排放和PM2.5的控制也将不断加严，此外还有交通拥堵问题，这些都对汽车产业构成了巨大挑战，其中一个很重要的话题就是碳排放。实际上，碳排放不仅关系到中国汽车产业的可持续发展和国计民生，也关系到未来中国作为一个大国在世界上的政治地位和话语权。同时，由于碳排放与化石燃料直接相关，又涉及油耗的问题。请和网友谈谈您对碳排放的理解和认识，碳排放和降油耗之间又是什么关系。

李骏：首先，前面你谈到了对中国汽车产业总体形势的判断。确实如此，现在中国汽车产业处于非常挑战的时期。在我看来，挑战主要来自于四个方面：低碳化、信息化、智能化和高品质。而我今天主要想谈的就是低碳化。

刚才也说到低碳化和降油耗是有关系的，那么两者又有什么不同呢？我认为主要有两个方面的区别：一个是环境方面，另一个是产品方面。

低碳化不仅是能耗问题，还是一个环境问题，也可以说是一个综合性的社会问题；而降油耗就是能耗问题，最多就是从油箱到车轮的过程。大家都知道二氧化碳是温室气体，会对我们所处的环境造成极大的危害。全球都在努力控制二氧化碳排放，确保地球升温在两摄氏度之内，否则将会导致海平面大幅上升，很多国家到时就要被淹没了。因此，全世界都非常关注碳排放问题，现在各国已经达成了《联合国气候变化框架公约》《京都议定书》等约定。2014 年 9 月召开了联合国纽约气候峰会，2015 年还召开了巴黎气候峰会。中国政府也在国际社会上承担了相应的减排义务。

从全球汽车法规来看，对碳排放的约束分为三种：一种是像中国这样，定义了百公里的油耗限值。目前我们执行的是第三阶段标准，即百公里 6.9 升油；2017 年即将实施第四阶段标准，也就是百公里 5 升油。另一种是欧洲标准，以每公里的碳排放克数来定义。之前一个阶段的法规要求是每公里低于 120 克碳，预计到今年就可以达到了。目前出台了下一个阶段的碳排放标准，要求平均每公里不超过 95 克碳，原定在 2020 年，现在推迟到 2021 年实现。第三种是美国，我认为也是要求最严格的国家。美国控制的是温室气体，除了考虑二氧化碳对温室效应的影响外，还包含了汽车的其他排放物，比如说碳氢排放物。

第二个很大的差别是单一的产品使用过程和产品全生命周期之间的差别。油耗指的就是一辆车所消耗的燃料，只聚焦于汽车使用环节；而二氧化碳排放则与企业的全价值链和业务链相关，从产品开始定义、研发，到生产、销售与服务，再到二手车，甚至报废之后的回收再利用，这一系列环节都会产生碳排放。例如，报废车辆的钢铁经过了回收，再由另外一辆车使用，这个过程中产生的二氧化碳，在油耗法规里是没有考虑和体现的。

因此，二氧化碳排放不只是油箱到车轮的问题，还包括了油井到油箱、再到车轮的全过程，就是我们所说的 well to wheel（油井到车轮），这是一个较为宽泛的指标。实际上，一个国家用什么样的指标来规范和要求经济行为和社会行为，所产生的影响是完全不同的。我认为，中国应该采取更加系统和严密的措施来控制碳排放。

赵福全：李院士的这一番话阐明了油耗和碳排放之间最大的区别。碳排放是从整个生命周期来考察节能减排的效果，而油耗更多的只是从使用阶段来考察节能，这其中有质的区别。

实际上，我知道您多次在不同场合呼吁，中国一定要高度关注碳排放，而不只是注重油耗，否则国家未来的竞争力将会受到很大的影响。有些朋友为此称您为“低碳院士”，这也是今天请您来就碳排放这个话题进行交流的原因。我认为，这也是企业领导和行业院士在关注点上的差别。基本上，企业领导更关心如何实现百公里 5 升油耗，以满足国家法规，确保产品竞争力；而行业院士给我们讲的则是国家要如何进入低碳社会，各个环节要如何为低碳目标服务，这是完全不同的战略高度。

那么，由此又衍生出一个新的话题，业内业外都有很多人士在讲，碳排放源于美国，欧洲在这方面也已经做了很多的工作，欧美发达国家都有较好的基础；而现在中国加强控制碳排放，更多的将是面临巨大的挑战。例如习近平总书记和奥巴马总统在此前的会面中已经达成了中美减排协议，中国承诺到 2030 年左右碳排放达到峰值。也就是说，这之后我们的碳排放就不能再增长了，这个压力是非常大的。也因此甚至有观点认为，这是发达国家变相限制发展中国家经济发展所使用的政治武器。您怎么看待这样的观点？我们又应该从哪些方面着手来应对碳排放的巨大压力呢？

李骏：我的看法是这样的，从全球视角来看，中国目前已经成为碳排放量最大的国家，碳排放量相当于美国和欧洲的总和，这是一个基本事实，因此中国碳排放问题倍受全球关注也很正常。同时，我认为发达国家也确实希望以碳排放来敦促中国政府制定新的环保规则，从而对中国经济的可持续发展、竞争力的不断提升产生更大的影响，这也是毫无疑问的。

因此，我们必须清醒地意识到，在控制碳排放的同时，努力保证经济发展不受影响，这正是我们无法回避的历史使命。同时，中国作为一个世界大国，也应该对我们赖以生存的地球承担相应的责任和义务。

另一方面，从刚才谈到的碳排放和油耗的区别可以看出，如果我们能建立起低碳化的运营模式，那么不仅能使产品在使用过程中节能减排，更能确保产品全生命周期和产业全价值链的节能减排。在这样的情况下，我们的社会最终是受益的，我们的产品以及我们的企业也都将是受益的。企业按照低碳化的目标，实现更精益的运营管理，以及低碳的产品设计、制造、销售、服务和回收再利用，就可以不断降低单位 GDP 的能源消耗和污染物排放，这对于企业来说也将是转型升级的绝佳发展机遇。

正因如此，我才认为汽车产业应当从当前聚焦于控制车辆的油耗，向控制能源和环境的综合性产品指标去扩展，尤其是企业家和技术专家，都应该形成这样的理念和共识。实际上，中国汽车产业在未来一定会更加开放，而且我们一定要“走出去”发展，因此控制碳排放是必须要做到的。从这个意义上讲，碳排放对于中国而言是挑战和机遇并存。

赵福全：碳排放对我们来说，短期内是一种压力，但是从长期看，如果我们能够变压力为动力，就可以增强整个国家制造业的竞争力。从产品全生命周期和产业全价值链的角度来思考和实施降低碳排放，这样中国制造业将来参与国际竞争时就会有更大的优势，这是非常重要的观点。

实际上正如您开始自我介绍的那样，您既是行业的院士，也是企业的 CTO。下面这个问题就想听听您作为行业专家和企业技术领军人的解答。目前节能与新能源汽车是行业最为关注的焦点，那么您觉得节能汽车与新能源汽车这两者之间有什么区别？同时，从控制碳排放的角度思考，您认为应该如何做好节能与新能源汽车技术路线的选择？

李骏：这是一个非常好的问题。按照目前的定义，节能汽车主要是指传统的内燃机汽车，而新能源汽车包括纯电动车、插电式混合动力和燃料电池汽车。当然，我个人认为对于新能源汽车这并不是一个严格的定义，而只是相对于传统汽车动力源的一种区分界定。具体来说，传统的内燃机汽车使用的是油箱里的燃料，本质上属于化石能源；而新能源汽车主要使用的是电池等储能装置里的电能，而电能可能获取自不同的能源方式，比如煤、水能、风能、太阳能、核能等。因此，相对于使用化石能源的传统内燃机汽车，新能源汽车使用的是一种新的能源，从而意味着汽车动力的一场革命。相应地，节能主要靠挖掘传统内燃机的潜力，而新能源则是要实现汽车的电动化，或者说汽车动力系统的电动化，它们的区别就在于此。

至于从碳排放的角度来比较节能和新能源汽车的优劣，我想可以用一组数据来说明。首先大家要清楚，生产电能也是有碳排放的，因此有高碳电和低碳电之分。而我们国家当前主要以煤电为主，是典型的高碳电，每千瓦时电能需要排放 752 克二氧化碳；而如果是低碳电，即如能大幅降低煤电比例，可以达到每千瓦时电能只排放 268 克二氧化碳，差别非常大。

赵福全：也就是说，从碳排放的角度看，低碳电将更环保。

李骏：国际上有一个国际电网平均碳排放标准，标准数值是每千瓦时558克二氧化碳，排放的二氧化碳在558克之上的是高碳电，在558克之下的是低碳电。

赵福全：那么我们目前高于界限标准值约35%？

李骏：是的，就是这样的状态。我们对此进行过测算，如果我们使用插电式混合动力汽车，在纯电行驶里程为50公里的情况下，按照中国现在的高碳电状态，每公里折算下来就要排放二氧化碳116克。而如果用中国的高碳电驱动纯电动车，则是每公里排放120克二氧化碳。可以看到，如果不改变我国的电能结构，不能大力发展风能、太阳能、核能等低碳电，即使大量甚至全部普及了纯电动汽车，也仅仅是实现了油箱（或者更准确地说是电池）到车轮的低碳，但是从油井（也就是发电）到车轮的整个过程仍然是高碳的。用二氧化碳来衡量我们的工业和生活方式，确实是一种完全不同的思路。

相比之下，按照欧洲的电能情况，插电式混合动力每公里的碳排放为99克，而纯电动车则可以达到89克。这组数字意味着什么？到2021年，欧洲准备实施的标准是每公里95克二氧化碳。也就是说，按照欧洲目前的电能结构，使用插电式混合动力或者纯电动就能够满足未来的碳排放要求；而中国即使全面推广插电式和纯电动，也还是不能达标。

赵福全：这也是很重要的一点，希望大家都能理解，如果电能本身来源于碳排放很高的发电方式，那么即使采用了电动车，从全生命周期的角度来看，碳排放也并不低，仍然难以兑现中国对国际社会的碳排放承诺，这是目前中国汽车产业面临的极其严峻的技术挑战。尽管发展新能源汽车看起来马上就能“绿色”了，但实际上这只是表面的“绿色”，并不一定能真正减碳。

另外一个问题，无论是节能汽车还是新能源汽车，都还有很大一部分共性技术和动力源本身并没有直接关系，如轻量化、减少摩擦等。这些技术在节能减排中的重要性如何，又能否同时实现降低碳排放？请您给大家介绍一下。

李骏：这部分技术非常重要。目前国家制定的油耗限值法规，只是一个中立性的指标约束，并没有技术指向，但是我们的企业把大部分力量都放到汽车动力技术上了，而在欧洲、北美并非如此。对于一辆车的油耗达标，在欧美50%要靠整车的贡献，包括降风阻、减少摩擦损失和轻量化等，其余的50%才是动力总成优化的贡献。而我们国家目前差不多70%要靠动力，其余30%才是整车共性技术的贡献。这也恰恰反证了，我们在整车共性低碳化技术方面做得还很不到位。以一组数据说明，目前我国整车的整备质量普遍比国外同级别的车型重15% ~ 20%，甚至更高。而假如一辆车维持在同级别上减重100千克，那么平均每百公里就可以节约0.55升油，这是一个非常可观的数据。

赵福全：按照百公里5升油来计算，这都已经超过10%的油耗了。

李骏：0.55升油指的是车辆出厂时按照标准循环工况测试得到的数据，在车辆实际使用中节省的油可能更多。我们知道汽车行驶时有四大阻力：路面的滚动阻力、上坡时的坡度阻力、加速阻力和空气阻力，而前三种阻力都与车重相关。数据表明，如果车辆在城市行驶，前三种阻力占到92%；如果车辆在乡村行驶，前三种阻力占到55%；如果在高速公路上行驶，风阻就是主要部分了，但前三种阻力也占到30%。实际上，我们的车辆又有多少时间是在高速公路上以每小时120公里的速度行驶呢？在车辆的使用周期内，这种工况可能并不多，尤其是大多数在城市里的车辆，主要就是在城市工况下使用，此时车辆自重就对90%以上的行驶阻力产生负作用。可见，轻量化技术是非常重要的。

另外，对于空气阻力（即风阻）的影响，除速度外，主要有两个影响因素：一个是车辆的正面迎风面积，另一个是车辆的风阻系数。当前，我国汽车市场上 SUV 和 MPV 的销售热度空前，一些轿车在造型上也追求 SUV 的风格，大大增加了车辆的正面迎风面积和风阻系数，导致风阻很大，这一点在自主品牌的产品上更为明显。根据统计数据，目前我国自主品牌的车型通常风阻系数在 0.35 左右，而外国品牌的车型平均只有约 0.25。

赵福全：据我所知，一些 MPV 车型的风阻系数甚至达到 0.4 以上。

李骏：是的，从这个角度来说，我认为我国油耗法规应该借鉴美国标准，以“脚印”，也就是车辆的正投影替代重量作为评价基准。目前在我国油耗限值标准中，横轴是重量，纵轴是油耗限值，没有控制投影面积，更不控制车辆体积，同时也不控制发动机的排量大小。而美国的法规有三大维度：其一是发动机的排量，其二是“脚印”，其三是车辆所占空间。无论重量大小，这三项指标中有任何一个超标，这款车都可能是高耗油的车型。

除了轻量化以外，其他共性的基础技术也不容忽视，比如制动钳技术。我们的制动钳由于间隙和质量控制得不是很好，制动时大多数时间里都处于“弱制动”状态。这种情况下会产生很大的阻力，相应的油耗也很高。再如，我们整车装配质量不佳，也造成车辆的滑行阻力大、滑行距离短，存在着油耗的浪费。总之，汽车油耗问题远不是节能那么简单，而是涉及低碳化、信息化、智能化技术、汽车品质等多方面的因素。也只有产品品质提高上去，汽车才有可能真正做到低碳化。

赵福全：我们的确必须从系统的角度来解决油耗，尤其是解决碳排放的问题。碳排放表面上看是国家的事情，实际上也是企业的事情。因为国家层面，像习近平总书记和奥巴马总统做了中美减排承诺，中国是一定要兑现的，而兑现还是要靠企业层面来实现，最终体现为消费者实实在在能够买到及使用低碳产品。

与此同时，第四阶段5升油耗标准已经近在眼前。工信部刚刚公布了2014年车企的油耗数据，按照第三阶段6.9升的要求来看，目前还有多达1/3的企业没有达标；而到2015年年底，6.9升是必须100%达标的。随后就要进入下一阶段，向2020年的5升油耗逐步迈进，这其中的挑战显然更大。也因此引起了诸多争议，有人认为5升油耗标准太高了，自主品牌无法达标；也有人认为国家执法不一定会非常严格，也许可以侥幸过关。那么您怎么看中国第四阶段的5升油耗限值标准？这一标准对于未来中国汽车节能减排与国际接轨是否具有战略意义？同时，企业又要如何应对相应的技术挑战和商业挑战呢？

李骏：我个人感觉5升油耗标准难度还是很大的，但无论对于国际还是国内、国家还是企业来说，又是非常必要的。

从国际角度看，百公里5升油耗折合成二氧化碳排放就是117克，与目前欧洲标准要求的120克大致相当。可这117克的标准是我们要到2020年实现的，而那时欧洲的标准已经是95克了。如果我们不向着这个方向努力，还是在百公里6.9升油，也就是162克碳左右徘徊，那和95克的欧洲标准就要相差近70克二氧化碳，这显然是不能接受的。因此，如果没有5升油耗法规，想在汽车技术方面追赶国际水平，就几乎是不可能的。我这里还有一张图，可以看到全球各大车企都在节能方面展开竞赛，而对于领跑者来说，现在像丰田、大众等，已经宣布到2018年就可以达到95克的标准了。

从我国自身情况来看，中国目前是严重的石油进口依赖国，2014年石油对外依存度高达59.6%。到2020年，我国原油的年消费量预计要达到5.5亿吨。如果按照三阶段油耗标准，这5.5亿吨原油中要有4亿吨被汽车消耗掉；如果按照四阶段油耗标准，消耗量大致是2.4亿吨左右，这对国家节油有非常大的作用。

再从企业方面来看，毫无疑问，高效率是企业产品创新、技术发展的最大动力，这个动力一般来自于企业内部激励、国家压力和竞争对手压力。另外还有一方面很重要，就是消费者的需求。要知道，油耗和排放不一样，消费者对于减排不见得愿意买单，但肯定是喜欢低油耗车型的。实际上，企业核心竞争力的本质无非是满足客户需求、赢得市场竞争。如果2020年欧洲企业拿95克碳排放，也就是油耗很低的汽车产品进入中国市场，而我们的产品油耗比对手高50%，还怎么可能赢得市场？

总结来看，关于目前的四阶段油耗标准，我认为有五个难点：

第一，时间难。因为2016年就要开始实施了。一款车的产品开发周期是多长时间？大致是42个月，如果动力总成是全新开发，也有可能需要60个月。也就是说，2016年投产的车型，应该是在60个月以前就按照新的标准去策划才行。目前在中国车企中，提前60个月就按照未来标准策划新产品的恐怕很少。所以我说时间是一个很大的问题。

赵福全：而现在开始开发的车型，要2019年或2020年才可以投产。

李骏：第二，产品比较单一。我们只有汽油车，没有柴油车。大家知道汽油车和柴油车效率差15%、油耗差30%。欧洲目前基本上是汽油车和柴油车各占50%，而我们现在是100%的汽油车。刚才说了，我们四阶段油耗限值折算起来约117克碳，相当于欧洲目前标准的120克碳，但是我们全部乘用车都是汽油车，这相当于我们要使汽油车达到与柴油车差不多的油耗水平，这个难度太大了。

第三，技术的限制。我们的技术储备很少，以前我们的企业大多只关注开发车型产品，而对储备关键技术是不够重视的，因此技术积累相对来说比较少。没有成熟的技术，要依靠什么来达标呢？而技术开发又需要时间。

第四，成本的压力。我曾经多次提到，没有免费的午餐。按照现在的情况，大致是百公里每降低 0.1 升油，车的成本就要增加 500 元。一辆车要从 6.9 升降到 5 升，就是将近一万元的成本增加。而自主品牌的轿车售价如果要增加一万元，消费者会买单吗？

第五，关键零部件的缺失。所谓“巧妇难为无米之炊”，降低油耗是需要有关键零部件的，像汽油直喷、轻量化等，都需要关键零部件来支撑，而中国在这方面还远远没有准备好。

赵福全：从您的角度来看，一方面，国家在能源压力下实施 5 升油耗标准势在必行，而且必须认真执行，否则未来的发展将不可持续；但另一方面，企业又面临着时间的压力、产品的压力、技术的压力、成本的压力和零部件的压力，那么下一步我们应该如何应对呢？

李骏：从目前的情况来说，确确实实存在你刚才说到的这些难题。但从技术角度来说，要实现百公里 5 升油耗，还是可以达到的。关键是看企业的行动、企业的决心，还要看企业能不能实实在在地取得突破。在短期内，把车的重量降下来的可能性不大，追求造型上的低风阻也比较困难。我认为最现实的对策有两个：一个对策是努力把内燃机的效率提高上去，比如将汽油机的效率提高到 38%；然后再加上一些弱混合，如做 48 伏系统，因为 48 伏本身就可以降 12% ~15% 的油耗。在这样的情况下，大致就可以达标了，甚至可以省出来一些油耗指标作为储备，毕竟市场上 SUV 卖得好，企业也不想因为油耗问题就不卖了。另一个对策就是做好产品组合，如储备新能源汽车。四阶段油耗标准对新能源汽车的优惠可以叫“五三二”，即一台纯电动汽车的油耗计为零，车辆数目在 2016 年到 2017 年乘以“五”，相当于以相应质量段的油耗限值乘以五，作为给予电动车的油耗补贴；在2018年到2019年乘以“三”；2020年则乘以“二”，优惠逐渐缩小。

另外，企业应提前做好整个产品布局。按照一般三年的产品开发周期计，现在规划定义好的车型，到2019年甚至在2018年年底就可以投放市场。根据法规，油耗限值在2016年要降低3%，2017年要降低4%，2018年要降低6%，2019年要降低8%，而2020年则要降低9%，是一个收紧趋势逐渐严格的过程。因此我预计最艰难的转折点可能会是2019年，之后到2020年企业就必须拿出完完全全的5升油耗产品了。如果按照刚才说的对策，并确保新规划的产品在2019年或2018年年底前投产，那么企业的达标还是有希望的。

赵福全：企业必须要认真对待国家的法规，产品组合的丰富要靠点点滴滴的积累。

李骏：在这方面，企业必须有一个整体的系统策划，要有顶层设计。

赵福全：关于5升油耗标准，不仅仅是自主品牌觉得困难，外国品牌也表示很难。昨天我参加大陆中国公司20周年的庆典，几位合资企业的老总就说到5升油耗对于他们也是困难的。我知道您走访过很多国家，对各国汽车技术非常了解，特别是您曾经担任国际汽车工程师学会联合会FISITA的主席，也一定和各国的专家探讨过低碳技术路在何方。实际上，欧洲现行的标准就已经和我们2020年的标准接轨了，那为什么这些外国品牌还说中国四阶段法规难？难道这些企业在欧洲现在就能满足的指标，在中国到2020年来实现还做不到吗？是因为中国的技术落后，还是在中国销售的车型比较重？又或者是说，中国的消费者不愿意在节能方面多花钱买单？

李骏：你分析得很好，外国品牌也说难，我认为准确地讲，是对于它们目前在中国销售的产品来说比较难。无论是欧洲、美国还是日本，如果能满足本国现行的油耗法规，那么应对我国的第四阶段油耗法规都应该是没问题的。关键在于这些企业在中国的产品布局和技术引进，如果只推行利润高的较大车型，并且不愿意采用先进节能技术而增加成本，那样自然很难达标。要知道，中国政府已经向全世界做出了减少碳排放的承诺。外国品牌汽车产品在中国销售，消耗中国的燃料，占用中国的碳排放指标，就应该履行中国政府所规定的减碳义务。因此，外国品牌没有理由说难，而是应该切切实实地调整自己在华销售的车型和技术，做中国汽车低碳化的领跑者。

赵福全：关于外国品牌李院士说到核心的要点了，这些企业在中国不能简单地以利润作为第一选择，更要成为优秀的企业公民，为中国履行对全世界的减碳承诺做出更大的贡献。否则我们背负着必须完成碳排放指标的任务，而它们把利润都赚回去了，这是不合理的逻辑。

李骏：我非常同意您刚才说的，它们在中国应该真正成为低碳的表率和关爱环境的榜样，而不是引导我们中国的用户都开高油耗的汽车，显然这也不是国际化大公司应有的形象。

赵福全：李院士，既然讲到这里，我们不妨稍微把碳排放的话题再拓展一点。我们知道，2020 年 5 升油耗也只是一个阶段性的指标，到 2025 年指标肯定还会更加严苛，不知道您对 2025 年油耗法规有怎样的预测？

因为中国已经承诺到 2030 年碳排放的增量要为零，也就是说，届时中国经济要么不再发展，要么就必须依靠大量的节能技术把碳排放增量的损失弥补掉，最后实现盈亏平衡。这对于整个中国制造业，尤其是作为能耗大户的汽车产业来说，确实是一个空前严峻的挑战。如果说 2020 年四阶段标准达标都很困难的话，那么 2025 年就一定是难上加难，到2030年恐怕就是比登天还难了。那么，我们应该以怎样的心理准备来迎接2025年的油耗指标呢？

李骏：这又是一个非常好的话题，我也一直在呼吁中国的相关主管部门，要尽快地公布我国第五阶段的油耗限值标准，否则就像我们刚才说的，又将面对一个时间的难题，因为我们现在不知道应该准备什么技术来应对五阶段法规。

从三阶段6.9升降到四阶段5升，约下降了30%。如果按照这个比例算下来，五阶段应该至少要降到4升，约接近于95克碳，这个压力已经非常大了。但我更认为，政府需要从全局出发，站在整个中国GDP能耗分配的角度，考虑发展汽车产业可以承受的能耗上限，也就是从中国政府减少碳排放的承诺出发，倒推来确定这个数值。

对于企业来说，现在就要未雨绸缪，应该按照自己预估的数值去提前储备产品和技术。从这个角度讲，企业与其预测油耗标准降低不会太多，不如预测可能要降到4升甚至更低，这样做足准备才不会陷入被动。这就是我的看法。实际上，目前在一汽，我已经要求在策划四阶段油耗技术时，必须考虑在五阶段时的延展性。毕竟四阶段和五阶段加起来只有十年。

赵福全：四阶段就必须为第五阶段做好储备。

李骏：大的技术方向一定要选对，通过技术的模块化、结构的模块化，确保新版本的新技术能够不断地添加到产品中，这样应该是可以达到95克碳的标准的。

赵福全：这的确是一个很现实的话题。虽然2020年5升油耗挑战很大、执行在即，但同时2025年也没有那么遥远。政府如果不早点出台法规，到时候还是会像现在面对5升油耗一样，让很多企业手忙脚乱，导致很多有效的技术战略没有时间落地。而企业方面，也应该有充分的心理准备，必须认识到 2025 年很快就会到来，政府的法规标准以及执法都一定会更严格，因此无论国家法规何时发布，企业都应该提前预判战略目标，在为四阶段努力的同时就要为五阶段做好储备。

前面我们谈了很多都是动力总成、轻量化等方面技术路线，实际上汽车并不是孤立存在的，比如说智能交通，包括整个交通系统的拥堵状态，还包括驾驶人的习惯和汽车本身的智能化程度等，都会影响车辆的油耗。特别是在中国的路况条件上，变数更大。因此有人说，仅仅智能汽车和智能交通就可以省油 20%，甚至 30%，而不需要做其他的工作。那么，从整个汽车产业协同发展以及构建和谐汽车社会的角度，您对国家有哪些建议？能否对智能汽车在节能技术路线中的作用谈一些观点？

李骏：这是非常好的话题，包括最近我和你一起做“中国制造 2025”项目时，都反复强调了一定要低碳化、信息化和智能化技术并进。特别是当前第四次工业革命正在到来，工业化与信息化的融合技术正不断涌现和发展起来，而两化融合技术确实有助于汽车产品在使用过程中实现低碳化，也就是降低油耗。

例如，如果我们的汽车在高速公路上都能够自动编队行驶，前面一辆车就可以有效阻挡住后面车辆的风阻，使后车在低风阻的环境下行进，这可以降低很多油耗。又如，我们现在有 Start-Stop 技术，但驾驶人往往并不知道在 Stop 的状态下，多长时间后需要 Start。假如总是在很短的时间内频繁地 Start-Stop，并不会节油，而如果有智能化的控制技术就可以解决这个问题。未来我们城市的红绿灯可以发射信号，当车辆驶近遇到红灯时，自动告知车辆到绿灯还要 100 秒，此时车辆就应该 Stop；反之，如果还有 10 秒红灯就要变绿灯了，车辆就不必 stop，这种信息化技术并不复杂，但对于车辆的节油会有很大的帮助。

另外，通过智能技术如果能够真正做到车辆不发生碰撞，就可以减少高强度钢板的使用，而轻量化对节油的贡献就可以体现出来了。还有可以通过 GPS 和自学习来识别路况，随时获取路段信息，感知风速和风向变化，相应地实时进行车速的调整和档位的选择等。这些措施都能够达到很好的节油效果。因此有人说，信息化和智能化可以解决汽车社会全部的四大公害问题，即能耗、环境污染、安全和交通拥堵，对此我很赞成。

实际上，我也希望借今天这个对话，呼吁大家都能真正秉承低碳和绿色的思想去工作和生活，做低碳公民。因为各种节能技术都是有代价的，在智能汽车上添加传感器也一样要增加成本。因此只有广大消费者都理解我们的能耗压力，关爱我们的环境，愿意为成本较高但真正低碳的汽车买单，才能真正解决我刚才所说的最难的成本压力问题。希望大家多支持低碳汽车，特别是自主品牌的低碳汽车产品。

赵福全：时间过得很快，刚刚李院士也等于是做了一个总结。的确，低碳既是挑战又是机遇。中国作为大国就要负起大国的责任，而我们每一个国民，也有义务成为低碳的公民，承担起各自的责任。实际上，低碳绝不仅仅是一个简单的节能问题，更是整个人类社会可持续发展的保障。无论是国家还是企业，都应该站在这样的高度，从整个产业生态链和产品全生命周期的角度来思考节能和减排。

应该说，节能的挑战是永恒的话题，并且这个挑战会越来越大，但同时这也给我们的技术开发者提供了更多科技攻关的动力和机会。未来，中国汽车油耗法规将越来越严，消费者也将越来越挑剔，但最终落脚点都将聚焦在建立节约型社会上。唯有如此，才能既实现广大国民都拥有汽车的中国梦，又让我们的汽车社会更加和谐。中国拥有全世界 1/5 的人口，汽车保有量正在不断增加，未来中国汽车产业节能减排的压力是巨大的，使命也是伟大的。在兑现碳排放承诺的同时，让所有想拥有汽车的中国人都能圆梦，为了这个目标，我们还需要一起继续努力！

今天李院士为我们澄清了很多模糊概念，阐述了很多重要观点：他谈到了节能与低碳之间的不同，谈到了如何从低碳角度看待节能与新能源等技术路线的选择，也谈到了必须提前做好顶层设计，综合解决时间、产品、技术、成本和产业链等难题，来应对未来日益严苛的低碳挑战。正如李院士所说，汽车产品节能减排是一项复杂的系统工程，不单单在于汽车本身，还需要智能交通的环境，以及崇尚低碳生活的文化，如此才能真正实现节能环保，构建起节约型的和谐社会。谢谢李院士！

02 对话《中国汽车报》社长李庆文

——“老社长”的回眸与畅想

赵福全：凤凰汽车的各位网友，欢迎大家来到凤凰汽车上海车展“赵福全研究院”高端访谈栏目。我们非常荣幸地邀请到了《中国汽车报》社李庆文社长。请李社长和大家打个招呼。

李庆文：非常荣幸能够受赵福全院长的邀请来到这里，和各位网友讨论一些汽车方面的问题，特别是能和赵院长一起对话，于我而言，也是一个学习的机会。

赵福全：如果我没记错的话，李社长担任《中国汽车报》的社长有17年多了。在您的带领下，《中国汽车报》这些年来实力不断增强，规模也日益扩大，更见证了中国汽车产业的蓬勃发展。在这个过程中，我觉得您可能是对汽车产业最为了解的人之一，因为《中国汽车报》的特点，您上对政府，关注产业政策；下对企业，关注企业运营，甚至了解很多技术和营销细节。作为汽车从业者中的一员，我本人，还有业内的很多同仁，大家都有一种感觉，即如果不看《中国汽车报》，对汽车产业的了解就逐渐边缘化了。正因如此，国内外的很多相关企业都在订阅《中国汽车报》，甚至有些国外机构还会专门翻译出英文版的《中国汽车报》，足见《中国汽车报》的影响力之大。而且《中国汽车报》还不仅仅是把一份报纸办好了，同时更为行业培养了很多优秀的媒体记者，他们已经遍布在汽车产业的方方面面，为中国汽车产业的发展贡献着自己的一份力量。而您是《中国汽车报》成长历程中最核心的领导者和操盘手，《中国汽车报》能做到今天，离不开您的顶层设计和具体运作。在这段经历中，您也成为中国汽车产业发展最核心的见证人之一。今天有幸邀请到您来和大家交流，首先想请您谈一谈，这么多年做下来，您对中国汽车产业有怎样的感觉、感受和感悟。

李庆文：赵院长刚才介绍说我在《中国汽车报》长期担任社长，时间确实比较长。中国产业类报刊大约有一百余家，可能我是目前担任产业报社长时间最长的。我从 1998 年始任《中国汽车报》社长，到今年为止，已经是第 18 个年头了。在这期间，我作为汽车行业的观察者、记录者和评论者，见证了中国汽车产业从小到大、由弱向强的发展历程，也见证了中国汽车界这 18 年来的风风雨雨、喜怒哀乐和大事小情。

记得 1998 年我刚到《中国汽车报》当社长的时候，第一次出差是到一汽解放公司去采访。那是一汽的老工厂，在 1953 年就建厂了。当时，中国汽车消费市场处于一种低迷的状态，一汽解放的很多职工就围上来向我发问，他们非常困惑，这么好的车在过去买都买不到，为什么现在却销售不出去了？

实际上，1998 年正是中国经济处于低谷的时候，应该说中国汽车业在那个时候和今天是完全不一样的。今天的汽车产业是蒸蒸日上，每年销量都保持着比较高的增长速度，即使遭遇今年相对困难的情况，和其他行业相比，汽车业也仍然呈现出较高增长的态势。而 20 世纪结束之前、正将迈进新世纪的那几年，正是中国汽车业面临转折的一个历史性时期，其标志性事件就是中国加入了世贸组织。当时议论的焦点就是中国汽车业要向哪里去，还有没有未来，到底能不能在没有了贸易壁垒、国外车企可以自由竞争的情况下继续生存下去。因此当时也出现了一个中国汽车怎样“与狼共舞”的话题，也就是说，中国汽车在对外开放中到底应该如何发展。而这其中的核心问题，就是中国自己的汽车企业还能不能走下去。今天回想起来，围绕着中国汽车业未来的命运和前途，当时曾有过一场广泛而热烈的讨论，大家普遍感到忧虑。但是历史却带给我们一个没有预料到的意外惊喜，加入世贸组织之后，中国的汽车市场呈现井喷式增长，而且是连续数年井喷，从2000年开始一直涨到2004年。中国老百姓压抑了多年的汽车消费需求，被加入世贸组织这样一把烈火，迅速点燃了。

2004年之后，增速有一个较大幅度的回落，这实际上是中国汽车产业在迈入新世纪后，进行了一次新的调整。当时东风汽车公司的总经理、现在工信部的苗圩部长，就曾经问我说："李社长，为什么我们的潜在需求不能变成现实需求？"的确，中国汽车明明蕴含着巨大的潜在消费需求，为什么不能变成现实的市场增长？影响潜在需求变成现实需求的因素到底是什么？为此，我当时还专门写了一篇文章讨论这个问题，得出的结论是，我们的一些消费政策抑制了汽车消费。时间证明也确实是这样，那个时候很多消费政策是不鼓励汽车消费的，社会氛围总体上也不利于汽车消费，汽车消费文化尚未形成，大家对于汽车的认识和理解还处在比较原始的阶段，因此在2004年后出现一个拐点也并不奇怪。但是中国汽车市场潜在的消费需求实际上已经被唤醒了，我们很快就从2004年的低谷爬了出来。

这段时期，在汽车技术的这一轮进步中发生了一件大事，就是燃油系统的升级，由化油器系统变成了电喷系统，这直接导致当时一批化油器企业倒闭了，也引发一批整车厂在生产、销售中遭受到巨大挑战，为此当时还产生了很多的争论。这个过程对于中国汽车产业来说，应该说是经历了一场阵痛，但是最终我们顺利过关了，迎来了新的生机。在变化的过程中总会出现争论，或许有些争论今天看起来似乎是没必要的，但我们不能说这种争论就是错误的或者没有意义的，实际上至少在当时，这些争论让我们对问题有了更深层次的认识，这其实就是价值，比如当时对北京应不应该有柴油车的争论也是如此。历史可鉴，今天我们在讨论的雾霾问题、排放问题、燃油标准问题等，尤其是当前北京发布的改换美国工况的第六阶段排放标准，引发了各界巨大的反响，可以说是媒体不适应，企业不适应，消费者不适应，甚至连政府管理部门也不适应，但是这些难关中国汽车产业最终肯定都是要度过的。

另外，在这个阶段中国汽车产业还有一件大事，就是出台了第二版的产业政策。2004 年的产业政策也是标志性的，虽然今天对其的批评意见可能比较多，但在当时的历史条件下，这版产业政策对推动中国汽车的发展的确起到了非常重要的作用。

如今十多年过去了，又开始讨论要不要修改汽车产业政策。实际上，今天的争论就是过去的争论，现在的难题也是历史的难题。汽车产业要发展就不可能不遇到难题，有难题就一定会有争论。比如说从 2000 年到现在，十多年的时间了，汽车行业一直都有一个争论的焦点，就是电动汽车的问题。关于电动汽车发展的争论，我认为到现在为止，也还没有完全统一思想，究竟电动汽车的技术路线怎么走，电动汽车在整个汽车产业中应该发挥怎样的作用，今天电动汽车发展战略又应该怎样加以完善或者更进一步明确，都还存在不同的认识。我记得就这些问题，我曾与当时电动汽车的首席科学家、现在科技部的万钢部长有过多次交流。这里有一个小插曲，在万钢出任科技部长的前一天，我过去专访了他，他那时候是同济大学的校长、国家新能源汽车“863 计划”的首席科学家。结果第二天新闻就播出了万部长上任的消息，还有人笑称李社长是不是知道万钢要当部长，特意提前一天安排了专访。实际上确实只是巧合，我对此并不知情。在交流中，我也深深感受到万部长对于新能源汽车的战略认识和独特情怀。应该说，在中国电动汽车发展战略的确定、落实和推动过程中，万部长发挥了非常重要的作用。

当然，关于汽车产业发展战略的争论，至今也还是没有休止。我觉得中国汽车产业可能又到了一个新的关键时期，我们现在争论的不仅仅是新能源汽车、产业政策，也不仅仅是某类汽车技术进步会给产业带来什么影响，今天大家争论的是中国汽车产业如何应对全新变局、做出新的战略选择的问题。这也是我最近一直反复思考的一个问题，因为我感到当前这个时期与以往任何时候都不一样。

赵福全：刚才李社长对改革开放后中国汽车产业的发展历史做了一个言简意赅的梳理，从一开始的迷茫到 2002 年的井喷，从化油器到电喷系统，从柴油机去留到北京正在导入新的排放法规。他也谈到了万钢部长对于推动中国电动车发展的重要作用，以及人们对未来汽车动力技术走向的纠结。最后他特别强调，今天又到了一个关键的历史时期。中国汽车产业和世界汽车产业一样，都面临着新一轮科技革命引发的深刻变局，同时也遭遇到了各种制约因素的限制与阻碍，可以说中国汽车产业是在前行中纠结、在纠结中前行。

这又带来了一个新的话题，您觉得现在我们汽车产业处于一个关键期，这个关键具体体现在哪里？有的人说互联网来了，要颠覆汽车产业；但汽车企业又觉得互联网懂什么，汽车这么复杂，上万个零部件，哪是一个简单的控制系统就能解决的问题。但是新一轮科技革命，包括互联网、云计算、大数据等确实将深刻影响汽车产业，比如汽车现在甚至可以 3D 打印出来了，当然是一款很简单的汽车。但这些新技术对于传统汽车产业而言无疑是很大的挑战。一方面，由于节能、环保和社会的压力，大家期待汽车产业发生巨大的变化；另一方面，又不清楚究竟应朝着哪个方向去努力。可能这就是您讲的处在一个关键的历史转折时期。实际上，这个关键期不只是对中国汽车产业的挑战，也是对整个传统制造业的挑战。对于经历了一百多年发展历程的汽车产业来说，是不是还可以按照原来的业态发展？如果不是，又会发生什么样的变化？这些变化对国际汽车产业会产生什么样的影响，而对中国自主品牌而言是机遇还是挑战，又应如何把挑战变成机遇？请您再和大家讲一讲。

李庆文：这方面赵院长是专家，前不久我听了你做的一个关于德国"工业 4.0"与"中国制造 2025"的讲座，受到很多启发。由此我也思考了一些问题。首先，中国汽车产业今天面临一个历史选择的关键时刻，这是我的观点。为什么这样判断呢？我认为中国汽车产业今天所要做的选择，和过去的选择存在很大的不同。如果说过去中国汽车产业所有的选择，都是在自身发展演变过程中对某一个既定战略的确定和取舍，那么今天中国汽车产业面临的选择就不是这样了。我们必须在世界汽车工业正在发生根本性变革的时期内，做出前瞻而系统的选择。这个选择将决定未来我们是不是能够在世界汽车版图中，占有生存发展的一席之地。

我们不妨回顾一下历史，中国近代史从 1840 年的鸦片战争开始，到 1949 年新中国成立为止，这是一部多灾多难、落后挨打的屈辱史。中华民族之所以处于这样的状态，我认为除了政治上的原因以外，还有一个核心的问题，就是中华民族在工业革命中落伍了。中国的制造业水平和产值曾经傲视全球，但在长期封闭发展的过程中，自我封锁，变成了一个信息孤岛，和世界工业隔离开来。特别是在欧洲、北美正在进行着翻天覆地的工业革命时，我们依然闭关锁国、盲目自大，天朝大国沉醉在井底之蛙式的甜蜜睡梦之中。

当列强如洪水猛兽般来袭的时候，当它们用洋枪洋炮轰开我们国门的时候，由于我们错失工业革命的历史性机遇，没有工业力量来进行反击，最终只能以签订丧权辱国的条约而落魄收场。缺席世界第一次工业革命是中华民族近现代以来最严重的失误和最惨痛的失败之一，当时我们是整个工业革命的局外者，甚至连旁观者都不是。正因如此，100 多年前，当欧洲、美国发明创造汽车的时候，中国人连汽车的概念都没有，我们只有牛车、马车！当福特创造出流水线生产方式的时候，我们还是手工业，甚至是低级的手工作坊水平。回顾整个一百多年的汽车工业发展史，从最初汽车的诞生到产业逐步成长、壮大，再到后来走向兴旺发达的过程中，中国基本上都没能抓住发展机会，直到 1953 年才诞生了新中国汽车工业。即使如此，我们也只是简单的学习者，模仿人家一些简单的工厂设计、建设和生产。而本来应该在随后一轮产业演进过程中紧跟国外步伐奋起直追之际，又由于“文化大革命”的十年浩劫，我们再次落后了。

中国汽车工业真正迅速发展是在改革开放以后，当然，我们在很大程度上仍然是学习者和模仿者，作为落后的一方，我们要学习西方跨国公司已有的研发、制造、营销、品牌、管理等各方面的经验，学习它们造车的流程，更学习它们造车的理念和价值观。在这个过程中，我认为我们只遇到跟随性或者说适应性的选择，而没有面对过战略性的根本性改变，因为全球新一轮科技革命或者工业革命尚未到来。但是现在中国汽车到了面对科技革命的关键时期了，这也是我们这代汽车人遇到的最大机遇。在这次科技革命中，汽车不会例外，也将发生根本性变革，而此时的中国汽车拥有全球最大的产业规模，并且可以完全开放地参与到这次革命中来，这是中国汽车产业前所未有的历史机遇。当然，这也是前所未有的历史挑战，因为传统汽车产业的那一套体系我们刚刚学会，新的东西又到来了，我们还得重新开始学习。在这个学习的过程中，我们既要把现在的汽车做得很好，又要发展创新未来的汽车，这对于中国来说无疑是双重压力。但是，如果中国汽车产业能够抓住这一次历史性的战略机遇，就能真正跟上世界产业革命的步伐，向未来非常令人振奋的前景继续迈进。

赵福全：您站的这个高度已经不仅仅是技术进步的层面了，而是站在产业革命的高度来剖析中国汽车工业的发展历程。的确，新一轮产业革命为中国汽车产业带来了一个千载难逢的机遇，又恰逢中国经济崛起，培育出了一个超大的汽车消费市场。在这个看不见硝烟的战场上，虽有群雄逐鹿，但对我们来说仍有无限的商机。当然，不能简单地认为我们有市场，我们就能抓住这个机会。建设汽车强国是一项系统工程，不是有几名优秀的企业家就可以做到的，也不是国家有适宜的政策就可以做到的，一定是国家、企业乃至整个社会各司其职、有效互动才能做到。因为做强汽车产业关系到国民经济能否有一个强大而稳定的支柱性产业，也关系到中华民族在未来全球制造业格局中的地位。那么，国家、企业应该如何抓住这个宝贵机遇呢？在这个大环境下，国家要有国家的战略，企业也要有企业的战略，才能最终把汽车产业带向一个新的高度。

李庆文：我刚才回顾历史，讲了我们过去的失败是因为中国没有参与到或者没有跟上工业革命的浪潮，在工业革命的过程中，我们总是游离在外，处于信息隔绝的孤岛之上，所以我们中华民族落后了，也就挨打了。那么，当时为什么会出现这种情况呢？这和当时清政府的闭关锁国政策是直接相关的，清政府对工业革命缺乏最基本的认识，更认识不到工业革命对国家和民族的深远影响，没有将工业革命提高到关系民族生死存亡的战略高度来重视。

在今天新一轮产业革命到来之际，我认为国家的使命要大于企业的使命。只有整个国家和民族都充分认识到，我们必须积极地参与到产业革命的浪潮中来，只有在产业革命的变革中有所作为，我们才有可能紧紧抓住这次机遇，最终实现中国汽车产业乃至整个中国制造业的由大变强！目前，改革开放的大环境有利于中国制造业参与到这一轮产业革命中来，而中国汽车产业早已与国际深度接轨，更能够深入这一轮产业革命从中寻求突破性的发展。当然，也有些人认为我们“走出去”的步伐慢了，深度和广度也不够；相反，跨国公司“走进来”的步伐很快，深度和广度也很高，因此中国成了全世界竞争品牌最多的汽车市场。但这是不是意味着中国汽车产业始终都会比国外汽车产业落后一步呢？其实，我们不妨换位思考一下，引入外资这也是让中国汽车产业能够更好地融入全球汽车产业变革浪潮中的前提条件，因为这使中国汽车产业具有了开放的思维，也了解了开放的条件。

我认为国家当前必须顺应大势，一定要把顶层设计做好，制定出能够引导、推动和促进汽车产业加快发展的转型战略。现在讨论这样的话题，可能有人会觉得有点虚，其实不然，乐观地估计，我认为在五到十年后，我们今天讨论的话题就能变成现实。其实，今年的车展已经发生很大的变化了，过去不突出的要素现在突出了。比如新能源汽车、智能汽车、互联互通等方面，几乎每一家企业都会安排一个展区，展示自己在这些方面的最新技术成果，这说明企业实际上已经积极地参与到新一轮的科技革命中来了。近期，国家也出台了“中国制造 2025”战略规划，赵院长就是“中国制造 2025”项目的重要参与者，可能也有很深的感触。现在很多企业已经行动起来了，做得也很扎实。由此看来，我对这一轮汽车产业变革中中国所能扮演的角色，持非常乐观的态度。中华民族和过去不一样了，中国是世界上汽车产业规模最大的国家，而且，中国的变化不仅仅体现在规模上，还体现在产值上，实际上在更重要的汽车人才队伍建设方面，我们也提升得非常快，今非昔比了。虽然中国汽车工业整体上与发达国家相比还存在差距，但是经过这 10 多年的发展，不可否认已经取得了很大的进步。

我们《中国汽车报》曾有记者和我说过，什么时候《中国汽车报》能变成像《美国汽车新闻》那样，我们就感到自豪了。现在我可以自豪地说，今天的《中国汽车报》从页面编排到印刷质量都比《美国汽车新闻》要好，我们的销售收入也超过了《美国汽车新闻》。在这里，我并不是讲《中国汽车报》的进步，而是想用这个例子说明一个事实：整个中国汽车产业已经迅速成长起来了，也因此才有现在这种水平的《中国汽车报》。记得10多年前我们汽车媒体招聘记者，能招10个、20个就算多的了，现在招聘一二百人的都有，变化非常显著。可以说，过去我们是边缘的被忽略者，而现在我们已经成为自己命运的主导者，因此我对中国汽车工业未来的发展充满信心。特别是像赵院长这样在海外学习、工作过多年，积累了丰富经验和学识的有识之士，一腔热血地回到中国来，为中国自主品牌贡献自己的聪明才智，这将为中国汽车产业提供又一笔宝贵的财富。我想任何力量也挡不住中国汽车前行的步伐，中国汽车在这次变革中必将凤凰涅槃，担当全球汽车业的主角，这将是一个激动人心的历史性时刻。

赵福全：社长这番话，既表达了坚定的信心，又指明了当代汽车人肩负的历史使命。我们必须把握产业革命和科技革命这一千载难逢的历史关键时期，明确以汽车产业为载体、龙头和抓手，带动整个中国制造业在新一轮科技革命的大形势下，抢占世界制造业的战略制高点。过去的30年，中国汽车产业能够做到今天这种规模，所有汽车人付出了太多的心血，虽然本土企业还不够强大，但我们已经初具模样。以此为基础，我们可以对未来有更大的期待。

当然，我们也有很多经验和教训需要总结，这种总结既是对过去的梳理和积淀，也是给未来发展指明方向。作为参与者和见证者，您觉得过去这30年，中国汽车产业的得与失到底在哪？如果可以重新再来，您认为中国汽车产业应该怎样走才能取得更好的发展，从而为进入今天的关键历史时期，创造更高的起点？

李庆文：中国汽车产业的发展过程中，现在大家最不满意的或者说最需要解决的，就是自主创新也即自主品牌薄弱的问题。我们是全世界汽车新产品投放最多的市场，也是全世界汽车品牌最多的市场，我们已经能够为消费者提供非常多样化、品质比较高的汽车产品了，中国汽车消费者的选择空间非常大，但是核心问题在于自主品牌或者说中国品牌太薄弱了。

说到总结过去的得与失，我认为有必要研究两个企业的案例。汽车界现在经常谈到“两长”现象，说中国汽车创新要看“两长”：一个是长安，一个是长城。有人说国有企业搞不好自主创新，但是长安作为央企就做好了；也有人说民营企业在自主创新上有动力，有内在的改进能力，但是也不是所有的民企都能做好，然而长城却做好了。

我认为要研究中国汽车自主创新的模式和方向，可以先找一些成功的案例来总结。“两长”现象说明了什么？说明如果我们企业的战略方向正确，战术措施正确，我们中国的汽车企业是能够做好的。

我也应邀参加了长安的车展发布会，长安汽车新上任的朱华荣总裁做了一个非常精彩的演讲。他把2014年长安汽车所取得的成绩做了一个梳理，从中我听出了核心的一点：长安汽车2014年最大的进步在于，自主品牌的形象有了非常重大的转变，产生了质的飞跃。

另外就是长城汽车，在2014年长城汽车经受住了巨大的市场考验。H8的上市一再推迟，以致当时长城的股票跌到了30元以下，今天长城的股票已经涨到了50多元了，仅仅用了不到一年的时间。长城在2014年的争议中，保持了自己的定力，以坚持不懈、力争卓越的精神，按照自己聚焦SUV的战略，把哈弗品牌做到了如今的水平，非常不容易。我在展场里看到参观哈弗品牌的不仅有很多中国人，也有很多外国人，这说明外国汽车公司和业界人士也开始关注我们优秀的自主品牌了。

这两个案例告诉我们，中国自主品牌大有可为。建议政府部门、行业组织把“两长”有益的探索和经验，整理、归纳、总结出来，甚至形成一些政策措施，把已有的规律性的成功经验和举措，应用到我们整个汽车产业中，应该会起到很好的促进作用。

当然，也不可能用一个药方就解决所有的问题。我认为，中国汽车要想解决自主品牌发展的问题，从根本上说还是要尊重企业的创新精神，尊重企业的战略选择，尊重企业和企业家的个性，这样汽车产业就有希望。最怕的是让所有的企业都变成一样。因为，汽车是工业品，也是艺术品，有个性的汽车才能成为卓越的产品，有个性的企业才能成就自己卓越的梦想。我认为长安和长城就是这样有个性的企业，有自己的独创精神，才获得了今天的成功。

赵福全：非常好，“两长”的成功带给我们很多信心的同时，也引发了我们的反思。一方面，“两长”经验告诫我们企业的发展必须尊重客观规律，尊重企业的选择，尊重市场的经济规律。自主品牌企业也可以突破体制，突破一些常规的束缚来形成自己的竞争力。但是另一方面，汽车与普通的消费品不一样，品牌的打造至关重要。就像手机，一提到苹果，就有很大的品牌溢价力和号召力。自主品牌企业虽然塑造品牌的时间相对比较短，但是也干了将近15年，甚至20年了，像红旗都有50多年了，但为什么我们的品牌仍然远远逊色于国外品牌呢？同样的15年，在品牌塑造方面我们是不是可以做得更好？请问您怎么看这个问题。

李庆文：品牌是一个非常复杂的问题，和解决技术问题还不一样。

我们都抱怨说自主品牌企业对品牌不重视，缺少塑造品牌的战略，或者说没有很好的措施。这些抱怨当然都有一定的道理，但我觉得这个问题应该从更宏观的方面去看。中国汽车品牌在成长的过程中，最大的问题在于国家在品牌战略上从一开始就是缺失的。中国的汽车市场，到底品牌以谁为主导，一直就没有一个明确的答案。对于品牌，不但是我们的企业没有很好地理解，我们的政府也没有很好地理解，甚至在改革开放初期，我们的一些经济学家、营销专家和传媒专家，对品牌的认识也比较肤浅。

决策者没有品牌的观念，最终导致我们在汽车产业对外引进合资时出现了重大的失误，那就是品牌战略的失误。我们在创立合资企业的过程中把自己的品牌放弃了，把辛苦打造的品牌尘封了。比如北京品牌、上海品牌，也包括其他行业的很多自己的品牌，全都放弃了。当时认为只有技术、设备、产品才是最重要的，而忽视了最有价值的其实是品牌。品牌资产一旦放弃，恢复起来一是非常难，二是时间长，“开弓难有回头箭”。而一款产品放弃了，比如说我今天不做小型轿车了，那么明天还可以回过头再去做，很快就可以恢复起来。但是一个品牌没有了，你要再启动，就得重新撒上种子，要长成参天大树是非常艰难的。当初建立合资企业的时候，我们对坚持自己品牌的重要性缺乏认知，造成了严重的历史失误，这是非常遗憾的，损失难以估量。历史不能假设，但如果我们做一个假设，假设上海汽车在和大众合资后，产品不叫桑塔纳，不用大众的标识，就叫上海牌汽车，那么今天的上海牌汽车会是什么样子？上汽集团又会是什么样子？我不做回答，大家都可以想见，中国品牌绝对不会是今天这种被动的局面。至于一些战术问题，比如说政府对自主品牌采购不积极、老百姓也不认可等，我觉得都不是主要问题。对于产业来说，我们对品牌认知的不足导致了在品牌战略和品牌管理上犯了历史性的错误，这才是最惨痛的教训。过去已经无法改变，但今天必须觉醒，我们要行动起来，即使付出百倍的代价，也要弥补我们过去在品牌上的失误。

赵福全：实际上，自主品牌现在之所以如此艰难，处在众多强势的国外品牌的夹击下，就是因为我们当初放弃了自己的品牌，又给别人的品牌做了嫁衣。

李庆文：国外品牌受中国消费者的认知程度，无论在广度上还是深度上，都可以说已经到了无孔不入的地步。人家的品牌形象塑造得这么好，老百姓又凭什么冒风险去重新选择自主品牌呢？因此，自主企业在品牌塑造上的难度，要比合资企业大很多，何况我们的汽车产品本来就与人家有差距，常常会有费力不讨好或者反复的情况，但也只能摸索着前行。

赵福全：这是一个并不公平的竞争环境。下面还有一个问题，当前互联网浪潮汹涌，一些互联网企业以及 IT 企业也要来造车。那么，汽车产业作为一个传统的制造业将何去何从？如何真正做好“互联网 + 汽车”或者“汽车 + 互联网”，从而将汽车产业提升到一个新的境界？不知道您有什么好的想法和建议。

李庆文：“互联网 + ”或者互联网企业造汽车，这已经成为一个现象。这个现象说明了什么？说明了这次工业革命的主导力量不是机械产品，也不是电子产品，而是互联网产品，是数字产品，是智能产品。那么这次工业革命的特征究竟是什么？到目前为止也没有明确的共识。以往的几次工业革命都可以归纳为一句话，以一个技术或者一个产品为特征，一下子就说清楚了，但这一次不一样，情况要复杂得多。其实近期互联网企业要造汽车的现象，说明互联网企业准备渗透到汽车产业整个产业链条的每一个环节中，这正是这次工业革命或者说产业革命，即将启动和到来的一个序幕，这就是我的判断。

至于究竟是“互联网+汽车”还是“汽车+互联网”，我个人认为并不重要，重要的是我们要理解当下工业革命已经到来，脚步正在逼近，潮水的声音就在我们耳边。为此，作为企业要怎样面对它，又要怎样驾驭它，这才是关键。有的传统汽车企业主观认为互联网企业造不出好汽车，认为汽车有一百多年的积淀，是异常复杂的机械产品，你互联网企业怎么可能一下就把我颠覆了？而互联网企业往往认为造汽车易如反掌，没有什么大不了的。我最近听说这样一件事：有一位其他行业的老总想造汽车，就找了一家汽车企业合作，汽车企业的一些工程设计人员在向这位老总汇报产品技术方案时，这位老总说你们不用和我汇报这些，就说这款车造出来需要多少钱、多长时间，其他的我都不听。这样的造车“套路”你说是对还是不对，可能很难界定。但我认为处于产业变革的关键时期，本来就需要探索、需要试验。尝试就难免有牺牲者，他们是先驱、是烈士，还是最终成功了的英雄，我们可能无法预判，但是有试验总是好事，因为每次试验都提供了一个新的成功可能。

互联网公司在资本市场融到了很多资金，投入汽车产业，这对汽车当然是好事；他们中有人想以互联网思维、互联网逻辑来尝试造汽车，这就是一种试验，也不是坏事。至于到底能否做成？我现在不敢下定论，但是我要提醒一下我们传统汽车产业的同仁们，大家千万不要对这件事情心存抵触、漠视、冷淡、不以为然；相反，要重视，要热情，要深以为然，要主动参与。一句话，为什么等着别人来“互联网”我们，而不是我们去“互联网”别人呢？互联互通是人类社会发展到今天的一个必然需求，而正是互联网技术将为人类解决这个难题。实际上，人类自古以来就认识到互联互通的重要性，都想“眼观六路、耳听八方”，都想“足不出户，尽知天下”。但过去由于技术上的限制，人类的这个需求无法得到满足，而今天信息革命、数字革命、智能革命带来了机会，人类即将实现充分的互联互通。从这个角度讲，我认为我们不要用30岁、40岁、50岁的眼光来看汽车产业，而要用20岁，甚至10岁的眼光来看汽车产业，因为未来的汽车会是什么样子，我们这一代人可能说得不算。

赵福全：最后一个问题。汽车产业太复杂，也太庞大了。建设汽车强国无疑是一项系统工程，既需要国家领导的顶层设计，也需要企业家的踏实努力，更需要基层员工的认真付出。当前中国汽车产业正处于一个十字路口，如何做出正确的战略选择，把握好新一轮科技革命的历史关键时期尤为重要。战略如果选对了、做好了，我们可能从此登堂入室；如果选错了、做不好，我们恐怕还要重复一百年前失败的故事。您担任《中国汽车报》的社长有18年了，当年接受您采访的40岁的年轻处长如今可能已经变成了老部长，当年40岁的年轻企业家现在也变成了老企业家了。那么从您的角度来看，您对于国家的决策者们，还有我们的企业家们，有没有很好的建议？为了中国汽车产业的由大变强，他们应该如何去做？又应该怎样各司其职、各尽其责呢？

李庆文：我认为国家的决策者们以及企业家们，包括参与汽车行业的每一个从业者，特别是高层人员，首先，要树立一个大的开放观，要真正具备全球视野，这种开放的思维和开放的观念一定不能变。中华民族一定要融入国际社会中，中国汽车业也要融入世界潮流中，一定要使我们中华民族在世界浩浩荡荡的变革大潮中成为主流，担当主力军，绝不能把自己隔离开来，或者对变革的潮流视而不见。

其次，对科技创新要更加重视。之所以说现在正处于历史的关键时期，就是因为新一轮的科技革命正在发生，我们现在所做的选择都必须基于科技进步的前提。改革开放初期，我们也进行了选择，但那时候引进来的汽车技术比较成熟。当然，成熟的技术也有变化，但我个人认为当时的汽车技术并没有根本性的变革，还都是在既有技术基础上演变而来的，是渐进式的改进或者说渐进式的创新。

而如今中国汽车工业面临的是一场全新的技术变革，汽车的定义、汽车的设计开发、汽车的生产制造、汽车的销售、汽车的使用与服务、汽车企业和产品的管理方式，等等，都将发生变革。概括起来，就是汽车工业的生产方式、管理方式、使用方式将发生根本性变革。而在变革的过程中，起主导性作用的一定是技术，而不是别的因素。

当年，我们通过改革开放来引进并吸收世界先进的科学技术，所有已经成型的科学技术我们都可以模仿学习，但现在不是这样了。现在已经到了新的历史节点。站在科教兴国的战略高度上，今天我们的政府决策者和企业家们必须加倍重视科学技术，我认为要比当年邓小平提出“科学技术是第一生产力”还要更加重视。如果说那个时候邓小平讲“科学技术是第一生产力”，还带有拨乱反正的思想在里边，是把全世界认可的普遍道理告诉国人，来消除“左”的意识形态带来的影响。那么，今天我们重新理解“科学技术是第一生产力”，则真正是指要通过技术来改变人类的生活方式，改变人类的价值观，改变人类的未来走向。我认为要从这样的高度来看待新一轮科技革命的到来。

最后，一切还需踏踏实实地做，实践才能出真知。在方向明确的前提下一定要踏踏实实地不懈努力、勇于实践、敢于探索、求真务实、保持定力。要能够透过表面现象看清事实本质，不要被抽象概念左右，也不要听风就是雨，更不要随波逐流，而是要紧跟着科技革命的潮流前行。这些年来，我看到成功的汽车企业莫不如此，它们沿着原先谋划构建好的战略方向和发展框架，矢志不渝地进行探索和实践，不被外界因素所干扰。“两长”的成功经验也就在于此。自主创新能不能成功，自主品牌要不要坚持，最终的结果绝不是外界的风言风语决定的，一定是我们自己的行动决定的。因此，我们必须坚持自己的信念，一往无前地前进，坚持改革开放，坚持自主创新，坚持做好自主品牌。

赵福全：谢谢李社长。时间过得真快，李社长用了很短的时间，将自己这么多年来作为中国汽车产业发展的主要参与者和见证者的体会和感悟，做了一次理性而系统的梳理。对国家的产业决策者，对企业的企业家和高管，对我们广大的从业者，李社长都提出了自己非常中肯的看法和建议。特别是他谈到应该辩证地看待汽车产业的发展机遇，“两长”的成功经验证明了各种体制的企业都有可能取得突破，只要企业扎扎实实地去做，一定能够在市场竞争上赢得一席之地。李社长的访谈充满了激情，充满了智慧，也充满了很多哲理。

当前，汽车产业正处在新一轮科技革命的历史关键时期，如果我们抓住了这次机遇，中国汽车产业乃至整个制造业就会迈上一个新的台阶。因此，中国汽车产业正肩负着制造强国和民族复兴的历史使命。中国汽车产业这些年一路走来，从来没有缺少过争议，也没有缺少过纠结。而在争议和纠结中，唯一正确的做法就是要积极探索、勇于实践、敢于创新。同时，无论是国家产业政策的决策者还是我们的企业家，都要高度重视科学、重视技术、重视知识，要在自主创新上下足工夫。

“千里之行，始于足下”，在实践的过程中，我们一定可以找到正确的前进方向和正确的商业模式。我相信，成功将属于不懈努力的实践者！谢谢李社长！也谢谢各位网友！

03 对话国家信息中心信息资源开发部主任徐长明

——数字背后的精神刷新

赵福全：凤凰汽车的各位网友，欢迎大家来到凤凰汽车上海车展"赵福全研究院"高端访谈栏目。今天我们非常荣幸地邀请到了国家信息中心信息资源开发部主任徐长明先生。徐主任一直致力于中国汽车市场及其未来发展趋势的研究与预测，请徐主任和网友们打个招呼。

徐长明：各位网友，大家好。

赵福全：徐主任，首先请和大家分享一下，您怎么看 2015 年中国的汽车市场？您预测销量年增长率大概能达到多少？哪个细分市场会有突出的变化？

徐长明：我们预测今年（2015 年，后同）乘用车市场能有比较好的发展，年增长率可达到 10% 左右，这与我们之前预测的中长期发展趋势大体上是相符的，总体增长还不错。但是商用车市场的情况不太乐观，因为经济下行压力比较大，对商用车产生了较大影响。而乘用车千人保有量较低，属于刚性需求，受影响较小。从乘用车内部细分市场来看，SUV 还是今年的增长亮点。另外，相对较大的车型，中小型车比如 A 级车，可能情况会比较好；特别小的车型，今年的情况估计还是不会很好。豪华车的销量增长率与过去相比会略微有一些变化，根据我们的中长期预测，其增长率将比乘用车总体增长率高 3% ~4% 。但是今年由于经济增速放缓和"八项规定"等因素，豪华车市场受到了一定影响。总的来说，今年汽车市场情况还是不错的，亮点在 SUV。

赵福全：您觉得如果今年轿车销量增长率能达到 10%，那么整个汽车市场的增长率能达到多少？

徐长明：应该在 6% ~7%。

赵福全：能达到 2550 万辆？

徐长明：差不多，接近 2600 万辆。

赵福全：这基本上和去年（2014 年，后同）的情况差不多？去年轿车销量增长率也在 10% 左右，而整个汽车市场的销量增长率则是 7%。

徐长明：总体增速会比去年略慢一点，但是乘用车和去年相比差别不会太大。

赵福全：除了细分市场，从品牌的角度，您怎么看合资品牌和自主品牌的销售情况？去年自主品牌生存得比较艰难，到了下半年才开始有所恢复，今年前几个月的状态也还可以，特别是借助 SUV 出现了后发崛起的局面，您怎么看今年自主品牌的总体销量？

徐长明：总体来讲，自主品牌面对的压力还是比较大的。根据近几年我观测的数据，自主品牌主要的增长还是来自 SUV，而轿车销量的增速比较慢，所占市场份额的下滑也比较严重。我认为，今年哪家自主品牌企业能推出竞争力较强的 SUV 产品，该企业的销售情况相对就会比较好，否则可能就会生存得比较艰难。自主品牌轿车市场份额的下行，可能还会持续一段时间。

赵福全：SUV 带来的增长是否会被轿车市场份额的下行抵消？自主品牌整体的增长率将低于市场的平均增长率吗？

徐长明：我判断应该是这样的，自主品牌的增长率比总体市场的增长率要低一些，和合资企业比可能会更低，主要是轿车销量的下降拉低了自主品牌的总体增长率。

赵福全： SUV现在确实很热销，没有SUV的厂家都非常着急，希望推出相应的产品。但实际上，今年能在市场上推出SUV，是来自于企业三年前的战略规划和对市场的准确预判。那么SUV市场会热多久呢？也不可能中国汽车市场全部被SUV占领吧？

徐长明： 我觉得SUV市场至少还有几年的增长期，去年SUV销量占乘用车销量的26%，今年第一季度这个比例已达到29%。要判断SUV还有多少年的火热期，就需要判断SUV销量占乘用车销量百分比的饱和点在哪里。我认为该饱和点还需要几年才能达到，中国饱和点的水平可能最像美国。世界各国汽车市场占主导的基本上都是小车，而唯独美国是大车。我前两天刚从德国回来，德国就是小车为主。在欧洲其他国家，如英国、意大利等，也包括非洲、南美洲，基本都是以小车为主的。而中国汽车市场上占主导的车型大小仅次于美国，比上述国家都要大，这说明中国消费者的消费行为和心理更接近于美国消费者。而与全世界SUV销量占乘用车市场比例最高的美国相比，中国还有很大的差距，因此中国的SUV市场还会有几年的增长期。

赵福全： 大家还有一个观点，即虽然SUV由于坐姿原因，开起来会比较舒适，但是从另外一个角度讲，SUV的自重及迎风面积比较大，导致其油耗水平与同级别轿车相比存在劣势。2020年百公里5升油耗限值标准即将推行，这对企业是很大的挑战。在这样的大环境下，SUV要想满足油耗法规，成本就会更高。您觉得消费者能接受SUV的价格提高吗？

徐长明： 从消费者的角度来讲，我觉得他们是能够接受的。只要车能给他们带来满足感，多花点钱是没有问题的。我认为这个问题应该更多地从生产者的角度去考虑：SUV如何满足百公里5升的油耗法规。

另外，还要看国家的具体政策及执行力度。如果采取罚款的方式，政府罚了企业，同时消费者愿意付更多的钱，那企业就可以将罚款转嫁给消费者，百公里5升的油耗标准可能就无法达到了。如果政府采用行政手段，不是罚款，而是勒令无法达标的企业停产，这样企业可能就不得不调整产品线，SUV占乘用车市场的比重就会受到影响。因为，SUV与同级别轿车相比，虽然长度、宽度差不多，但是高度较高、重量较大，所以在相同的技术水平下，SUV更加费油。因此，我认为主要还是看政府的决心和态度，如果政府控制油耗的决心非常大，态度非常强硬，企业就会调整其产品结构并提升技术水平；反之，如果政府态度软弱，可能就不会对企业的产品结构产生影响。

赵福全：老百姓可能会愿意买价格高一点的SUV来满足自己个性化的需求，但是百公里5升油耗法规又是对企业实实在在的压力，同时还要看国家有多大的决心把油耗控制在规定的水平之下。

徐长明：是的，关键要看国家的态度和决心。我个人认为要确保汽车工业的可持续发展，百公里5升油耗法规是非常必要也非常有效的。这意味着到2020年中国的汽车保有量可以翻一番，同时油耗基本保持现在的水平。这样能源供应和城市污染的压力都会大大减小，所以这是非常必要的政策，但是具体执行要看政府的决心。

赵福全：今年中国汽车市场的情况或许还比较乐观，但是很多人都问过我一个问题，就是中国汽车市场什么时候会达到饱和？饱和点到底是多少？中国汽车年销量从100万辆、200万辆、500万辆、1000万辆到2000万辆，不可能就这样按照3000万辆、4000万辆、6000万辆的数字一直往上走。13亿国民都要实现中国梦，而对于很多人来说，中国梦的一部分就是汽车梦。但是资源、环境和基础设施的承载力毕竟是有限的，那么中国汽车市场什么时候会达到饱和状态，也就是旧车淘汰、新车入市达到平衡？饱和点又将是怎样的规模呢？

徐长明：根据我们的研究，参照国际上其他国家的发展规律，中国汽车市场至少还有20年才会达到饱和点。20年中，前10年销量还会继续保持快速增长，后10年增长速度则会大大下降。但是最终的保有量很难预测。根据国际规律，发达国家千人汽车保有量基本为600辆。千人汽车保有量的水平分为三个层次：最高水平的是美国，千人汽车保有量为800辆以上；多数发达国家处于中间水平，千人汽车保有量为600辆左右；最低水平的发达国家，比如丹麦，其千人汽车保有量也接近500辆。中国很难达到美国的水平，因为美国国土面积和我们相当，但是人口比我们少很多。我们有可能达到的是欧洲和日本的水平。

实际上，千人汽车保有量饱和点的决定因素是国家的人口密度。人口密度越高，千人汽车保有量越低；人口密度越低，千人汽车保有量越高，二者成反比。因为一定土地面积上可以停放的车辆有限，人口密度太高就会出现停车位不足的现象。日本千人汽车保有量为600辆，但东京的千人汽车保有量却不到400辆，小城市的千人汽车保有量则可达到700辆。中国东部的人口密度和日本差不多，因此理论上可以达到日本的水平。我之前就一直在呼吁，这是一个客观规律，违背它就会遭到惩罚，国家应该顺应这个规律。老百姓都想有辆车，如果把能源问题解决好，大城市一家一辆车，小城市一家两辆车的水平应该是可以达到的。

赵福全：汽车年产量要达到多少万辆才可以满足千人汽车保有量600辆这个指标？

徐长明：如果都是国产车，应该在6000万辆左右。

赵福全：中国制造、中国销售，年产量6000万辆可以使中国的千人汽车保有量接近日本和欧洲的水平？

徐长明：如果按照丹麦的保有量水平计算，中国年产量应该在5000万辆左右。我觉得达到丹麦千人汽车保有量500辆的水平是完全可能的。

赵福全：咱们就按 5000 万辆计算，您预计什么时间点可以达到这个水平？

徐长明：大概需要 15 年。

赵福全：那就是 2030 年前后。

徐长明：如果按照千人汽车保有量 600 辆计算，可能就需要 20 年。我们现在倾向于保守一点的估计，即千人汽车保有量 500 辆。根据我们的研究，全世界汽车保有量的主要决定因素就是人口密度，其他因素如能源供给状态、国家汽车工业发展水平，以及国家政策对汽车是鼓励还是限制等，都是次要因素。因此，上述估计应该差不太多。

赵福全：老百姓有钱了，要改善生活，就想拥有汽车，这是很自然的。

徐长明：如果顺应上述国际发展规律，在房地产公司开发住宅楼时，强制要求每户人家建设一个停车位，就不会出现北京今天这种马路边上到处停放车辆的混乱状态。我很赞同您的说法，让老百姓每家拥有一辆车，这是中国梦的一部分。同时，政府可以用很多手段去调节车辆的使用情况。比如日本、新加坡等都有规定要求停车入位，即车辆必须停到停车位里面，无论是在家里还是在工作单位。如果这样的法律在中国大陆推行，大家可能就不会天天开车上下班了，因为工作单位也没有那么多车位，车位只能供给出价高的人使用。这样老百姓拥有了汽车，中国梦实现了，但是也不会出现严重的交通拥堵和环境污染问题，这就是一种比较好的调节方式。

赵福全：按照您讲的，随着国家经济水平的提升，汽车保有量在达到饱和点前会不断提高。而中国东部区域的人口密度同日本以及欧洲的一些国家比较接近，所以未来 20 ~ 30 年，中国汽车产业还是有很大的发展空间的。

徐长明：20 年应该没问题。

赵福全：您有没有想过 20 年后汽车年产量达到 5000 万辆时，中国的汽车社会将是怎样一种状态？北京现在汽车保有量不过 500 万辆，就已经造成交通拥堵、停车困难等问题了。

徐长明：汽车的普及主要不在北京、上海这种大都市，它们的增长空间确实没有这么大，因为没有停车位，汽车保有量就无法进一步提高，但是中小城市会有更好的发展。另外，汽车的发展前景与未来城镇化发展的进程和状态也有很大关系。如果将来中国城市都发展成类似北京、上海这样的大都市，千人汽车保有量就达不到丹麦的水平，即达不到千人汽车保有量 500 辆，像日本东京千人汽车保有量就不到 400 辆，这还是车辆管理政策比较到位之后才达到的水平。

赵福全：也就是说，未来汽车发展的主要空间还是在二线甚至三四线城市。

徐长明：随着人均 GDP 水平的提高，大量人口都挤到北上广深等大城市的情况会逐渐有所改变，小城市的生活也都不错，车位比较充足，生活状态是完全不一样的。我认为未来会有更多人不愿意挤在大城市，而是愿意在小城市生活。小城市的人口密度没有那么高，千人汽车保有量就会保持在比较高的水平。因此，我对中国汽车市场的前景还是比较看好的。

赵福全：中国梦不一定在北上广深实现，或许在三线城市更容易实现，而且小城市的发展空间也会越来越大。

徐长明：对，小城市生活更舒服，机会也会越来越多。

赵福全：您谈到 2030 年中国汽车年产量可能达到 5000 万辆，那么到 2020 年中国汽车市场的容量会有多大？这也是很多企业非常关心的话题。

徐长明：按照乘用车年均10%的增长率，商用车年销量略有增长，微型客车年销量略有下降的态势来估算，我认为到2020年中国汽车年销量应该可以达到3500万辆。每年销量增加约200万辆，到2020年就将达到3500万辆。当然，这是以经济增速保持年均7%左右为前提的。

赵福全：您是这方面的专家，从国家经济的发展形势、国民的收入、国际的平均水平等角度综合分析认为，今年汽车年销量可以接近2600万辆，而到2020年中国汽车年销量可能达到3500万辆，这个判断是很乐观的。

徐长明：实际上，我个人希望不要发展那么快，而是平稳健康地发展。因为汽车行业和别的行业不一样，它的链条非常长，关联性非常广，汽车产业的发展会拉动其他产业，但也受制于其他产业。同时，汽车行业又受制于能源、环境和交通等因素。如果汽车行业发展太快，其他方面跟不上，就会反过来制约汽车行业的进一步发展。所以我希望还是不要发展得那么快。

赵福全：不过到2030年我们还是可以期待年销量达到5000万辆。

徐长明：也可能用不了那么晚，根据我们的测算，2025年之后，汽车年销量的增长速度就会慢下来。虽然达到饱和点需要20年，但是前10年的发展速度会比较快，后10年的发展速度就降下来了。这也是厂家在规划产能和投资时应该考虑的问题。

赵福全：的确，中国汽车市场还是很值得期待的，因为尚有巨大的增长空间，至少未来10年应该是一个稳定的增长期。同时，未来20年内都还有一定的增长空间。

徐长明：可以这么理解。各汽车厂商，包括外资、合资企业和自主品牌企业，都应该按照这样的发展路径去规划自己的发展战略。大家不要把速度搞得太快，发展得平顺一点，这样消费者能得到好处，厂家最终也会有比较好的发展。近几年乘用车的平均年增长率约为 10%，如果每家企业都按 20% 的增长速度来扩充产能，那么市场再好，整个汽车行业也会因此出现各种问题，不能良好地发展。

赵福全：汽车产业是一个系统工程，不是本身想发展就可以，而是需要能源、环境、交通等多方面要素与其相匹配，一起协调发展，这样整个汽车产业才能可持续地健康发展。

另外，消费者和汽车企业普遍担心的一个问题就是限行限购，这对汽车产业会有多大的影响呢？消费者主要担心一旦限购，自己就买不到车了，因此可能提前消费；而整车厂包括零配件生产商则担心限行限购后，未来汽车市场将不会如预测的那样值得期待。那么您认为，限行限购对整个汽车市场在短期和长期会有多大的影响？

徐长明：限行对整个汽车市场作用有限，不太会影响购买。但是限购的影响会比较大。根据我们的研究，限购对短期市场有促进作用，哪个城市要限购，这个城市及其周边的城市，甚至和它状态差不多的城市里，就会出现购买热潮——消费者提前购车，以作储备。但是限购对于长期市场是有消极影响的，限购会导致千人汽车保有量的饱和点下降。中国正常情况下千人汽车保有量的饱和点应该可以达到 500 辆，但如果很多城市都采取限购措施，可能千人汽车保有量达到 300 辆就不会再向上增长了，这对于汽车市场的长期发展是非常不利的。现在的限购措施作为行政手段，其实也是没有办法的办法，远非上策。应该尽快采取一些其他合理措施，比如出台相关法规，规定停车入位，家里有车位才可以买车，单位有车位才可以开车上班。如果有这样的政策，就不必采取限购措施。将来应该出台类似的办法，以替代限购政策。

赵福全：也就是说，您认为限购在短期内会刺激消费，但是从长远看对汽车市场不利，而限行对汽车消费市场影响不是太大。

徐长明：对。

赵福全：我也认为政府不应该只是简单地限购，而应更有作为。消费者有钱了，想购车改善生活，这是无可厚非的，限购是不合理的。那么，您觉得政府应该采取怎样的措施，从国家到地方，系统地改变城市交通状况，彻底取代限购这种不得已而为之的政策？

徐长明：国际上和我们类似的国家早有先例，像日本、新加坡的车辆管理都做得很好。在这些国家和地区，买车必须要证明拥有车位或者可以租到车位，而且开具假车位证明是要负法律责任的。我认为，出台类似的要求停车入位的法律，是目前手段最灵活、短期效果最好的一种办法。当然这在一定程度上也会影响国民的汽车消费。另外，如果出台了停车法就必须执行到位。实际上，北京曾经推行过买车必须要有停车位的政策，但是假停车位证明泛滥，这个政策完全没有起到应有的作用。这是一件很复杂的事情，不过我认为政府完全可以有所作为。

赵福全：我们换一个话题，中国汽车市场很大，但是很遗憾，自主品牌在这个大市场里所发挥的作用及其发展速度都不尽人意。您觉得问题到底出在哪里？在这方面有很多观点，比如技术不过硬，品牌形成时间短，国家对自主品牌支持不足，企业自身不够努力，等等。究竟自主品牌要如何突围？请和大家分享一下您的观点，也给自主品牌开一个药方。

徐长明：后发国家里，把汽车工业发展起来的，目前来看只有两个国家：一个是日本，一个是韩国。这两个国家在汽车工业发展初期，国门都是封闭的，外国汽车产品和外国厂商基本无法进入。不能建合资企业，也不能把进口车销售到韩国、日本，在这样一种政府不遗余力保护本土企业的大背景下，韩国、日本的自主品牌才做了起来。但是现在中国没有这样的背景和环境，国家已经高度开放，不可能为了汽车工业再封闭回来。

在开放的环境下，自主品牌要想实现突围，确实难度非常大。我想将来可能会找到几种模式，有的企业从低端往高端走，有的企业直接做和国外差不多品质的产品，有的企业进行海外并购。具体采用哪种模式与企业的特点和状况有关：有的企业有资本，有的企业有技术，还有的企业有其他行业的背景。比如比亚迪基于电池的基础做电动车，我认为将来实现突围还是很有希望的。

还有一点，我们必须关注国际市场，国内、国际两个市场要并举。国内市场中，合资品牌已经占据了轿车市场75%的份额，而自主品牌仅占25%，想在这个市场中实现突破难度较大。而全世界除了门槛较高的少数发达国家之外，大部分是发展中国家，其中不乏新兴市场国家，国民收入水平不是很高，中国汽车产品的价格在这类国际市场里还是有竞争力的，现在的关键是如何把我们的产品做好。

产品品质可以从三个维度来勾画：第一个维度是可靠性、耐久性，第二个维度是表观质量，第三个维度是车的性能。消费者对这三个维度的需求是有一个演进过程的。首先，无论买多便宜的车，可靠性和耐久性都是必需的；然后消费者比较有钱了，就会关注外观和内饰；最后更有钱了，才会注重车的性能，这三个维度是逐层递进的。因此，自主品牌不管多注重产品性能，在可靠性和耐久性这个维度上，都必须先做好。同国际上的竞争对手相比，很多自主品牌的产品在第一个维度上还没有完全过关，这样即使打开了国际市场，也很难有持久的竞争力。当然，在海外发展过程中，政府给予企业一定的支持是必要的，但是终归要靠企业自身摸清汽车产品的发展规律，形成自己清晰的发展思路。最基本的就是必须在第一个维度上下大工夫，这是自主品牌汽车企业取得长期发展的必要条件。总体而言，我对自主品牌企业是有信心的，只要把上述规律摸透，踏踏实实不断前进，还是有机会的。中国汽车市场规模足够大，海外汽车市场也很辽阔，我认为将来中国应该能够出现四五家年销量达到200万辆规模的自主品牌企业。

赵福全：中国汽车市场足够大，应该也必须诞生几家能在市场上与合资品牌一较高下的自主品牌企业。但是现在所谓合资自主品牌，有的产品已经进入四五万元的价位区间了；而且合资品牌本身的产品也在不断下探，像大众就要推出6万元的车型，自主品牌性价比的优势在不断减弱。您觉得这些产品会对自主品牌产生怎样的冲击？

徐长明：我相信大众如果推出6万元的车型，也只能做到关注第一和第二维度，可靠性和耐久性会做得不错，外观和内饰就不一定能做得很精细了；而在性能上，包括一些先进技术的采用，一定会打折扣，否则也做不出来这种价位的车。从这个角度来说，自主品牌企业可以做出同样质量而且价位略低的产品，随着时间的推移，消费者对自主品牌的认知就会变得比较好。过去很多自主品牌企业没能把握好汽车产品需求三个维度的递进规律，盲目地去开发很多先进技术，结果性能可能做得比较好，但是可靠性、耐久性却还没过关，这样消费者会有直接感知，是很难认可的。我认为长城就是高度关注第一维度的企业，即在可靠性、耐久性方面做得比较好。

赵福全：中国企业最应该学习的就是韩国企业，它们在极短的时间内实现了崛起。您也策划过中韩汽车论坛，您认为我们应该向韩国汽车企业学习什么？

徐长明：要提高产品的性价比，韩国企业就是靠性价比取胜的。而韩国车的性价比之所以比较高，是因为韩国企业在产品品质的第一维度和第二维度上下了很大的工夫。无论是从消费者感知的角度，还是从国际机构（比如 J. D. Power）调查的结果看，在这两个维度上，韩系车都不输于日系、德系和美系车。2003 年、2004 年左右，北京现代进军出租车领域。我当时还担心韩国车的质量可能达不到标准，因为出租车一个月的行驶里程就得上万公里，一年就是 12 万公里；相比之下，私家车 5 年的行驶里程可能才六七万公里。但是北京现代的总经理对其产品的可靠性、耐久性很有信心，事实也是如此，后来我和出租车司机交流，他们都说北京现代的车基本上没有什么大毛病。

赵福全：敢于进军出租车市场也是对自己产品品质自信的一种表现。

徐长明：出租车驾驶员开了北京现代的车之后，认为和他们之前开的日系车、德系车相比，在品质上没有什么区别，这就是中国企业要学习的地方。我刚才说的产品品质的三个维度就是从韩国那里总结出来的。可靠性、耐久性是第一维度，表观质量是第二维度，然后才是技术性能维度。要想成本比较低，同时前两个维度水平还比较好，就只能在第三个维度上有所牺牲。

赵福全：自主品牌企业在性价比上的优势正在一点点丧失，虽然价格上还有一定的优势，但是可靠性尤其是耐久性方面，做的功课还远远不够。

徐长明：我们还是大有希望的，一定要好好分析消费者的心理，好好研究产品品质的不同维度和内容，好好学习韩国现代的经验。

赵福全：下面从市场的角度和您讨论另外一个问题，现在互联网异常火热，“互联网 + 汽车”“汽车 + 互联网”等概念都是讨论的热点。在汽车产业的销售领域，从消费者和整车厂互动的角度，怎样更好地利用互联网技术让消费者的需求更快地反馈到整车厂，您有什么好的想法和建议？

徐长明：您是指营销渠道？

赵福全：不完全是营销渠道，而是消费者和整车厂的互动，即C2B。目前这种互动主要还是依靠4S店反馈市场信息或者咨询公司提供调研结果，未来怎样通过互联网让消费者的需求能够第一时间反馈到整车厂，并体现在产品的设计和更新中？

徐长明：这是一个很好的想法，如果厂家有一套模式，能把消费者的声音直接收集起来，那将是非常有价值的。现在好多企业有呼叫中心，建议把呼叫中心的数据整理起来认真分析，这个渠道应该加强。但是，借助互联网沟通和对消费者直接进行调研，这两者还是要并举。因为大数据分析和严格抽样调查得到的结论不一定完全一致。最典型的就是美国总统选举，有的机构通过上万份网上问卷得到的结论，由于样本不能代表总体，反而不如严格抽样调查得到的结论更加准确。一般网上调查有个特点：特别满意的人和特别不满意的人可能愿意上网反映情况，而处在中间状态的人通常没有反馈的欲望。我觉得厂家可以利用网络更多地了解抱怨点在哪里，基于反映问题较多的部分做出快速改进。这虽然不能完全代替调研分析机构，但也是很有价值的。

赵福全：现在另外一个比较热的话题就是新能源汽车。去年（2014年，后同）被称为新能源汽车的元年，新能源汽车销量大增。虽然对于汽车总体2350万辆的年销量来说还是沧海一粟，但是已经让大家看到了良好的发展势头，您觉得今年新能源汽车市场会有怎样的变化呢？

徐长明：从数据来看，新能源汽车前几年的年销量都只有1万多辆，去年突然增长到近8万辆，这是一个很大的突破，说明国家政策开始发挥作用了。2011—2012年国家第一轮政策实施时，大家觉得没有起到太大作用，但现在看来，实际上效果还是不错的。在去年近8万辆的销量里，3/4都来自于第一轮试点的城市。这说明政策的效果还是很明显的，越来越多的机构和消费者开始认同新能源汽车。我觉得短期来看，新能源汽车会有快速发展，今年有可能翻一番，达到年销量 15 万辆，甚至更多。

不过我也有一点担心，即现在新能源汽车的品质是否过关。如果不过关，消费者买车之后发现质量差，可能销售高潮过去后又会重回低谷。因此，新能源汽车的品质一定要过关，这是自主品牌企业应该向合资企业学习的地方，合资企业做事相对比较扎实，不会为了今天多卖 1 万辆车而牺牲产品品质。同时也要考虑到，新能源汽车消费者还有一种心态是，摇不到号所以先买新能源车开着，等摇到号之后再换回燃油车。

赵福全：新能源汽车在未来五年会是怎样的销售态势？

徐长明：五年不太好预测，从消费者需求的角度讲，如果产品质量过关，消费者可能对新能源车的接受度会越来越高，这样就很可能每年都保持很高的增长速度，但是如果产品品质不过关，消费者使用之后感觉失望，销量可能就会出现一定的下行，未来发展趋势是供需双方共同决定的。

赵福全：国家补贴在未来五年会逐渐减少，这对于新能源汽车的销售会有怎样的影响？您刚才更多的是从对质量的角度进行解读，如果质量没有达到消费者的预期，就会带来销量的滑坡。另外补助也是很重要的一个因素，到 2020 年国家补助就要全部退出，这一点已经很明确了。

徐长明：国家补助退出与供给和需求都有关系。现在企业是靠政府补贴才能把车卖到消费者能接受的价格水平，国家希望新能源汽车销量提高后，企业产品规模提升，从而实现成本降低。政府不再补贴后，哪家企业实现了成本降低，哪家企业就能在市场竞争中胜出。

赵福全：还有一种担心是，随着政府补助力度越来越小，如果未来五年无法实现真正的技术突破，新能源汽车市场可能会出现突然的滑坡，您怎么看？

徐长明：我昨天在新能源汽车的会议上还在讲，国家新能源汽车政策没达到应有的效果。因为地方政府都在保护当地的新能源汽车企业，这样很难涌现出一两家优秀的、真正实现规模化的企业。发达国家就没有这种地区市场的割裂，优秀企业可以到各个地区去销售。在开放的市场环境下，五年时间里涌现出年销量达到30万辆、甚至40万辆新能源汽车的企业，是大有可能的。但是在中国，虽然国家政策力度很大，可各地为了确保自己的经济增长，会很自然地采取地方保护政策，从而大大削弱了国家政策的力度。很可能五年之后每个地方的新能源汽车企业，产量都是两三万辆，而无法出现一家大规模的优势企业。因此，我在各个场合一直都在讲，地区封锁的模式使中央激励新能源汽车发展的政策大打折扣。

赵福全：我们还是需要全国一盘棋，打造出规模企业，而不是进行地方保护，否则对整个国家的产业发展是很不利的。因为，发展新能源车是国家的战略需求，而不是区域性的。

另外还有一个问题想和徐主任交流一下，中国汽车市场群雄逐鹿，日系车有均衡的特点，韩系车在性价比上逐渐开始超过日系车，德系车有技术含量，美系车大气，法系车浪漫。您觉得不同车系在中国市场的竞争过程中，有哪些特别的地方值得中国自主品牌学习？同时也请您就这些车系如何在中国做得更好，谈一下看法。

徐长明：在中国表现比较突出的三个车系是日系、德系、韩系，这三个车系有明显的性格特点。美系车和法系车做得也不错，但是不像它们那么突出。

德系车最让中国消费者满意的是产品技术含量高，这也是德系未来一定要保持的竞争优势。日系车的特点在于制造精细，产品缺陷少，可靠性高，也很省油。而韩系车的特点是性价比高，在质量和外观都不错的前提下价格比较低，消费者在技术含量上对其没有过多的要求。

消费者是千差万别的，有的人追求产品技术高，有的人追求制造缺陷少、省油，有的人追求性价比高。因此，各系车企都能拥有各自的受众，未来预计它们也都将继续保持各自的特点和优势。自主品牌企业现阶段最应该学习的是韩国现代，因为它的发展历程和经验最适合我们借鉴，不过这种学习也不会太容易。

赵福全：德系、日系、韩系车，它们没有需要改进的地方吗？它们在中国市场的竞争中有哪些劣势？

徐长明：各系车企的经营肯定有不一样的地方，比如德国企业比较严谨，但对事情反应相对比较慢，这可能就会丢失市场机会。像 SUV 市场，上海大众七八年前就在做了，但是 SUV 销量高速增长之后，合资品牌像本田的 CR-V 销量一直非常好，而上海大众却没有及时推出自己的 SUV 产品，丢失了好几年的市场机会。新能源汽车也是一样，德国车企的反应也比较慢，这是它们的劣势。

赵福全：可能它的优点也是它的缺点。

徐长明：优点太明显了，缺点的方面就会表现出来。

赵福全：最后一个问题，不知道您是否考虑过，应该怎样让消费者逐渐认识到自主品牌的优点呢？自主品牌企业在过去十几年里已经有了一定的积累，技术水平也有了很大的提高。事实上很多自主品牌的老总和我交流，都觉得自己产品的性价比已经达到了较好的水平，但是消费者的接受度还是比较低。

徐长明：让消费者改变观念还是比较困难的，不是做爱国主义宣传就能奏效的，最根本的还是要适应和引导消费者，消费者想买什么样的车，企业就去造什么样的车。首先要适应消费者，然后才能引导消费者。现在一些自主品牌产品的可靠性还可以，但是在耐久性上还有很大的提升空间。消费者不一定因为你多装了几个配置就愿意买单，自主品牌企业试图通过高配低价把想买合资品牌产品的消费者抢过来是很难的。自主品牌企业必须把消费者进行科学的细分，充分分析目标消费群体的真正需求，努力适应消费者需求。如果把资金平均分配到产品的各个部分，很可能消费者最后都不买单。消费者一般认为自主品牌在技术上是无法与合资品牌相比的，与其强调做技术不如先满足基本性能，把工夫下在可靠性、耐久性和外观、内饰等方面。这样坚持做下去，我认为自主品牌还是很有希望的。

赵福全：时间过得很快，感谢徐主任和我们分享了很多真知灼见，有很多观点给我们带来了启发和信心。

首先，根据徐主任的研究，中国汽车市场今年年销量有望冲击2600万辆，2020年可能会达到3500万辆。如果中国经济持续稳定增长，在2025—2030年前后，千人汽车保有量有望接近欧洲的平均水平，年产量有望冲击5000万辆。可见中国汽车市场的发展空间非常值得期待。

其次，老百姓腰包里有钱了，很自然地就想拥有汽车，这也是广大国民中国梦的一部分。政府应该采取更有效的措施，解决交通拥堵和停车困难的问题，而不是简单的限购，从而确保汽车产业的健康发展。

再次，大家应该对自主品牌充满信心。徐主任给自主品牌的一个建议就是要练好基本功，把消费者关注的痛点做到极致，这样消费者就会慢慢接受。在这方面，自主品牌尤其应该多向韩国企业学习，因为它们的情况和我们最类似——曾经起点很低，周围强敌环视，但通过不懈努力最终赢得了全球市场的认可。

另外，中国汽车企业应该充分认识到，即使中国市场再大，也要放眼世界。特别是还有很多发展中国家和中国三四线城市的消费水平接近，这些国家的市场对于中国汽车企业来说是很大的机会。

最后，新能源汽车企业应该和传统汽车企业一样，要高度关注产品质量，否则就会导致消费者的不信任，使刚刚培育起来的市场又丧失殆尽。果真如此，将是非常遗憾的一件事情。

再一次感谢徐主任的精彩分享！

徐长明：谢谢赵院长，也谢谢各位网友。

04 对话国家发展改革委产业协调司机械装备处处长吴卫

——“把门人”的思考与责任

赵福全：凤凰汽车的各位网友，欢迎大家来到广州车展凤凰汽车“赵福全研究院”高端访谈栏目。现在开始今天访谈栏目的第一个环节，我们荣幸地请到了发改委产业司的吴卫处长。

吴卫：大家好，很高兴在这里和大家见面，也很高兴和赵老师做一些互动和交流。

赵福全：您到发改委产业司工作差不多快五年了吧，这之前您在中国汽车技术研究中心先从事技术工作，后来转为做管理工作，也参与了很多行业管理规范的制定，不过现在在发改委这个岗位，和原来相对具体的行业管理工作应该说有很大的不同，能不能简单谈谈您的感受？

吴卫：我从事汽车领域的工作到现在已经 25 年了。很幸运，这 25 年正好是中国汽车从 100 万辆级发展到世界上最大规模的全过程。在这个过程中，我们也伴随着这种成长，收获着产业发展带来的各种成就，包括对个人发展上的促进。

关于产业发展我的感受比较深，这需要各方面力量的支撑。企业要有所作为，行业要能够形成合力，当然政府也需要有更长远的规划和指导，要有比较符合市场规律的政策或者说环境，这几个要素是缺一不可的。

就我目前的工作来讲，从政府支持产业发展的角度，可能要考虑的问题比汽车产业本身更宽泛、更长远。同时，也要使自己的角色定位和身处产业之中时有所区别，这还是有所不同的。

赵福全：虽然都参与汽车产业，但因为定位不同、角色不同，所以思考问题的角度也不一样。我是2004年回国的，经历了汽车产业从300万辆到现在的2400万辆，而您则经历了从100万辆做到今天的2400万辆。您是清华的优秀毕业生，校友们也都为您感到骄傲。虽然汽车产业现在有这么大的规模了，但关于汽车产业的作用和定位，还是有不同的声音。有的认为汽车产业不强，我们没必要做那么大的努力了；也有的质疑汽车产业造成了很多问题，像交通拥堵、环境污染、能源短缺等，汽车产业是不是还有必要继续发展。

当前汽车已经作为重点领域之一写进了“中国制造2025”，而且就眼前来看，汽车销量的变动直接影响着我们国家的经济增长。您是学汽车出身，做过汽车产业的研究和管理，现在又担任国家汽车行业管理的领导。作为专家和领导，您怎么看汽车产业在国民经济中的地位？中国提出要把汽车产业做强，您觉得目前这个战略清晰吗？

吴卫：我觉得汽车产业对于一个像中国这样的大国来讲，其重要作用是毋庸置疑的。无论从产业的体量，还是其对经济、社会发展的促进作用来讲，汽车产业都不是其他产业能够替代的，这是产业本身的规模和关联性所决定的。

作为一个大国，一定要有自主的产业，包括自主的制造业，当然也要有自主的农业。我们的生存不能完全依赖进口的粮食；同样，我们的制造业，也不能完全依赖别人，我们必须要有自主的产品。从这个层面来讲，我们既要使自己的产业够大，又要够强，这符合国家的长远利益，也符合全体人民大众的根本利益，在这一点上不需要争论。

实际上从发展阶段上看，我国汽车产业发展的时间并不是太长，真正快速发展是从20世纪80年代改革开放之后，也就是三四十年的时间。这期间我们从一个极度落后的状况，发展到现在产销量全世界最大，这是很不容易的。当然也面临着两个突出问题，第一，在这样快速的发展中，我们能力上的提升和积累还不够，我们必须考虑要怎样才能做强。第二，我们现在规模是世界最大了，已经连续六年第一，今年是第七年了。在这样的体量标准下，全世界已经没有我们可以参照的国家或者市场了，我们的做强之路只能靠自己探索。也就是说，我们从学习追赶变成了探索超越，这就需要我们更长远、更系统地思考问题、采取对策。所以，我们更需要清晰的发展战略，而不是简单地学习、借鉴、引进、提高就可以了，我们要有创新，甚至要去引领。

赵福全：汽车产业在国民经济中的作用是毋庸置疑的，那么您能不能给一些量化的指标，到底从哪些角度看，汽车产业已经起到了不可替代的作用？

吴卫：在整个社会商品的零售总额当中，汽车销售额高的时候占到13%以上，这两年比例有一点点下降，但是也在11% ~12%之间。汽车税收占国家税收的12% ~13%之间，给国家财政提供了很大的支持，而国家财政是所有公共设施、社保、教育、卫生、医疗及长远发展的重要保障。汽车产业还为全国提供了大量的就业岗位，根据不完全统计，总体上有两三千万以上的数量。

从这几个简单的数字就可以看出，汽车对于国计民生的重要作用是不可替代的。如果没有汽车产业，我们会面临很大的经济和社会问题。在中国发展的过程中，如果汽车产业发生问题，我们将没有办法承受它带来的影响。

赵福全：从整个汽车的销售额占零售额的比例、汽车税收占国家税收的比例，以及人员的就业比例来说，汽车都是其他任何一个产业无法替代的。

吴卫：还有一个方面，汽车与其他产业的相关度也是最高的。汽车对于创新，对于各种新技术的应用，对于与新产业的相互融合及相互促进，还有产业链整体的发展，甚至对于国际资本、技术、产业的各种合作，都是不可或缺的。

赵福全：还有汽车产业链的长度与拉动作用，对资本以及商业模式的影响，等等。

吴卫：我经常讲汽车是多维度的，是个有立体影响力的产业，不仅有长度、宽度，还有厚度、深度，可能还有更多维度上的影响。

赵福全：汽车不能简简单单地被看成是一种产品，它是一个产业，更在背后带动着很多其他产业。这一点和手机、电视是不同的，手机、电视作为产品能带来一定的销售额，但是对于上游的原材料、下游的服务业的拉动作用远不如汽车。

吴卫：也包括汽车对生活方式产生的深远影响。

赵福全：我们看汽车产业，不能只看到它造成的环境污染和能源消耗，实际上我们是由很小的体量，十年快速跑步进入汽车社会的，短时间内急速膨胀一定会带来一些问题，当然，这些问题我们是要解决的。对这些汽车社会问题，您是怎么看待的？

吴卫：这些问题我们同样可以借鉴国外的经验。发达国家在发展中，这些问题也都出现过。目前来讲，对发达国家来说这些都不是很严重、无法面对的问题了。我们作为后发者，有更好的技术和更先进的理念，我们当然同样能解决汽车产业发展带来的一些所谓的负面问题。

赵福全：现在我们国家对发展汽车产业的战略大方向是什么？

吴卫：战略的方向和目标，就是我们的汽车产业要由大到强，这主要从提升能力、提升竞争力的角度来入手。由大到强，不是进一步在数量上或者规模上达到某种指标，而更多的是要在一些内在的、有价值的指标体系上有所进步，也就是说在内涵上要有所提升。要让汽车成为中国制造业的一种象征，代表着中国的竞争力和在世界上的影响力。当然要达到这样的阶段，可能还需要比较长的时间。另外，我们需要在发展路径方面探索并创新，因为如前面说的，作为全球空前体量的汽车大国，在由大到强的发展过程中，我们没有可借鉴的参照物。

赵福全：的确，对于汽车产业的重要性和巨大作用，我们不要再怀疑了。而汽车产业高速发展至今，我们已经连续六年居于世界销量第一，已经没有可以参考的对象了。我们有13亿人口的巨大体量，未来汽车产业应该怎么发展，只能依靠中国人用自己的智慧来探索。吴处长也谈到，下一步我们的重点不是简单地追求规模，我们更要注重汽车产业内涵的发展和完善。不仅要做强汽车产业，更要让汽车产业拉动、带动其他产业健康发展，要把汽车产业上升到文化，甚至上升到文明的高度来思考。

吴卫：是的，我完全同意。

赵福全：既然汽车产业这么重要，而我们的战略也是清晰的，即要把汽车产业做得更健康、更有内涵。那么您如何看待中国汽车产业中长期的发展态势？我们具体要怎样做，才能做强汽车产业，实现从汽车大国到汽车强国的转变？

吴卫：汽车产业一定能做强，我们中国会出现世界级的汽车企业和品牌。当然，这需要有一个脚踏实地、持之以恒的探索过程。现在我们比以往更具备做强的条件：我们有更好的基础，不仅是规模，我们的产业体系、人才、市场等环境都更好。中国已经是全球最大的市场，同时我们还有更大的全球市场可以去开拓；我们现在体制更活，正在进行很多更市场化的改革；我们的资本更足，很多资金都在寻找新的投资领域；我们的技术创新，正迎来了新一轮的科技革命。这一系列有利因素使我们更有条件把汽车产业做强。在这个过程中，企业要有一种使命感和责任感，换句话说，我认为企业必须是有追求的。同时政府也要在这个过程中切实调整和发挥好自己的作用，更多的是营造环境、规范市场，让市场更好地发挥作用，让企业更能够体现它的主动性和主体作用。

赵福全：汽车产业太复杂，涉及人才、资金、技术和相关产业等各方各面，大家还是要有足够的耐心，要踏踏实实地做事情。国家如此，企业也如此。企业家要有胸怀，要有长远的战略眼光，矢志不渝地努力把企业做好。国家也要从体制、机制上创造更灵活的条件。我们整个产业则要把资金、人才和技术创新真正用好。若能如此，我们的产业没有理由做不好。

吴卫：一定会有企业能够脱颖而出，时间会做出选择。

赵福全：这个信心太重要了，如果您还是站在中国汽车技术研究中心的角度说这句话，那还是一种期待，但现在您有机会参与国家重大产业政策和方针的决策，从您的角度更能够把握全行业的前进方向。您谈到了我们需要而且一定能诞生世界级的企业，我们现在最需要的就是这种信心，做强汽车产业绝对不是一朝一夕的事情。

吴卫：我们不仅要有世界级的整车企业，还要有世界级的零部件企业，这样的汽车产业才真正是有整体竞争力的产业。

赵福全：汽车是一个立体的产业，整车企业没有零部件企业的支持做不好，而零部件企业如果没有整车企业做龙头也做不好，尤其现在又谈到跨界融合，更需要其他相关产业也能够参与到汽车产业的发展中来。

吴卫：从目前的发展阶段来讲，发展新能源汽车就给我们提供了一个难得的战略机遇期。

赵福全：作为汽车人，我们欣喜地看到，汽车产业作为十大重点领域之一已经写到了“中国制造 2025”里面，这个意义非常深远，因为“中国制造 2025”并不是一个简单的十年规划，而是未来三十年中国制造强国战略规划的第一个十年规划。我们都能看到，国家已经下决心一定要把制造业做强，具体分三步走，到 2025 年是第一阶段，最终要把中国制造业的水平提升到世界的龙头地位。

“中国制造 2025”把汽车纳入之后，确定了节能汽车、新能源汽车以及智能网联汽车这三大发展方向。您觉得在建设汽车强国的征程中，应该怎样把节能汽车、新能源汽车以及智能网联汽车更有效地落地，为此国家应该做哪些事？企业应该做哪些事？

吴卫：“中国制造 2025”明确将建设制造强国列为国家战略，这是我们国家对制造业充分重视的体现。我个人理解，“中国制造 2025”还需要在战术层面上，或者叫技术方向上进一步明确今后的一些工作重点。

从汽车产业整体发展来讲，“中国制造 2025”中的相关阐述还只是一个部分，我认为这个战略还应有相互配套的很多要素配合，包括从管理、新产业融合、国际化、改革、创新等方面都要有所配合。目前，“中国制造 2025”更多的是提出了一些重点的或者说新的技术方向，这些对于产业的融合、新技术创新体系的建设、产业化体系的培育和建立，都是非常重要的。我们国家汽车产业在此前阶段的技术来源基本上是以引进、吸收、借鉴为主。现在这个阶段不论是新能源汽车，还是智能化、信息化的汽车，都是一个新技术应用的阶段，到这个时候我们原有的那种学习借鉴的模式，一定是不够的。

当然，我们原有的创新体系应该说本来也是不完善的。从基础研究，到工程研究，到产业化、商品化、服务化，这几个链条上的创新环节必须尽快连起来，在这里面就会诞生出一些新型的业态，比如说融合了服务和制造的业态。这个创新体系的培育是最重要的。

从产业化的角度讲，没有必要探讨哪些技术是更好的。技术没有好与不好，只有适合与不适合，或者你有没有条件把它培育成熟。因此在这方面，我认为我们的企业应该尽可能地多做基础研发，多去储备一些技术，而不是说等待别人确定了方向，我们再去追赶。那样的话我们永远只会是相对落后的，不可能变成一种引领或者超越的产业。我们现在要把最基础或者说我们最薄弱的环节，借助节能汽车、新能源汽车和智能网联汽车这几个重点领域尽快建立起来。

赵福全：我们原来更多是跟随性的，以引进、吸收、消化为主的创新模式，支撑我们从无到有走到今天。但这对于今天我们要做制造强国来说就远远不够了，我们需要的不仅仅是技术，还需要整个产业的创新能力、国际化和人才培养。尤其在创新模式上，我们不是简简单单只做产品创新，更要从基础创新来研究，因为我们永远都不可能只通过跟随就成为顶级的制造强国。

吴卫：我们原来评价一个制造企业主要看规模大小、产品销售的市场份额或者产品本身的优劣。我们的很多技术基本上最多做到了和国外同步应用，但我们做不到同步研发，更谈不上同步创新。和国际上最先进的企业相比，我们的企业对于开发产品，可能也就是用五年左右的时间做储备，但要做到先进甚至全球领先，可能要做到 20 年以上的技术储备才行。

赵福全：交流之后，您提到了非常重要的一点：从现在开始我们已经不能简简单单地跟随人家了，这样我们是没有未来的。我们必须进行原始创新，以前更多是人家的产品和技术我们能生产出来，即使了解一些，也只是一知半解；但从现在开始，我们要知其然，更要知其所以然。这样我们才能做到引领创新。这个过程可能是漫长的，但也是我们中国制造业必须要做到的。

吴卫：这应该是国家支持的重点。

赵福全：刚才您也谈到要使“中国制造 2025”中关于汽车方面的规划有效落地，我们在体制、机制上，在产业政策上也要发挥很大的作用。但是，在过去十年，我们的汽车产业政策一直没变，尽管在这十年中汽车产业实现了五六倍的增长，有些政策已经明显开始不适应新的环境了。那么我们现在有没有必要制定新的产业政策？如果有，我们到底需要什么样的产业政策，侧重点应该在哪里？

吴卫：应该说，我们曾经有过两版产业政策，从 1994 年到 2015 年汽车产业飞速发展的过程中，这两版产业政策的作用还是很明显的。

确实像您说的，发展到一个阶段之后，政策会有不适应的地方。我认为可能产业政策本身的功能也发生了很多变化。一般来讲，在产业初期，需要有系统性或者更多行政干预的政策来调控。而现在我们已经发展到这么大的市场规模了，应该到了让市场发挥作用的时候了。从这个角度讲，我们现在不一定需要一份新的叫作“产业政策”的政策，产业政策的形态也不是固定的。比如说美、日、欧、韩等国家，它们现在都没有叫作“汽车产业政策”的政策了，它们的产业政策现在已经变成更精准、更前瞻的一些政策了，当然也包括一些临时的政策，比如说临时干预等，有时候刺激一下市场，买新车给一些补贴等，这些也是政策，因此产业政策这个形态不一定是固化的。

发展阶段不同，政策的功能也变了，我们也没有太大的必要一定再去出台一版新的产业政策。从原有产业政策的内容来看，有很多的内容已经被调整了，或被取消，或被替代。但原有产业政策的基本原则和方向等，我觉得并没有太过时，有很多我们还必须继续坚持。从政策效果来讲，我们可能不一定再去追求形式上的完整的产业政策，而是更要强调政策的适应性，特别是和现在的改革发展趋势相适应。

市场经济下，法制化是一个很重要的保障。从某种角度讲，可能没有政策才是最好的政策，因为没有政策更体现自由竞争，更体现市场作用，但我们不可能一下子就走到这样的阶段，所以我们需要找到战略重点。对于我们需要特别重视的领域，我们需要有一些干预或者有一些明确引导去发挥政策的作用，但不需要面面俱到地顾及汽车产业的方方面面。

赵福全：这是非常重要的观点，原有产业政策中，有些内容可能已经不需要了，但是有些内容还是需要我们延续的。能不能讲得再具体些，大致在哪些方面我们还是应该坚持？另外从宏观方向上讲，哪几个领域我们应该再强调，哪些领域则应回避？

吴卫：从大的原则讲，根据中央改革的要求，凡是市场能够发挥作用的，政府不再去干预它，包括投资、准入等方面的管理，这些既增加成本，而且有不少是重复的，效率比较低，肯定要逐步把它简化、下放甚至取消。

另一方面，政策需要加强的是创新体系的培育和新能源汽车的发展。这是我们国家由大到强的必由之路，我们必须把这条路走好。政府先要把这条路修好，创造好的环境条件，包括流通体系、财税体系等也有改革的必要。

赵福全：应该说，不可否认的是在过去 20 年中，两版产业政策为中国汽车产业发展到今天立下了汗马功劳。但是时过境迁，随着社会的进步和产业的发展，有些内容已经不合适了。现在我们应该更多地让市场起到主导作用。政府应该弱化原来行政上的干预。而对于影响国家未来命运的关键要素，比如说创新机制、新能源汽车等，国家就应该通过一些产业引导政策来有效推动，包括一些利税、科研激励等方面的引导，以确保重点发展。

吴卫：是的。

赵福全：产业政策里面很重要的一点，就是关于所谓的合资股比限制，这也是以前产业政策的核心内容之一。围着合资股比是否放开也一直是争论不休。现在有两个焦点，一是50:50的内外资股比限制是不是要放开，另一个是要不要对内资更早一点放开以利于汽车产业的良性发展。您怎么看这个问题？

吴卫：我觉得不存在对内资不放开的问题，现在无论是整车生产企业，还是零件生产企业，都没有太多的限制，政策只是对一些技术条件、投资额度提出了要求，包括对新建纯电动乘用车企业也放开了对汽车产业整体的一些限制，应该说是越来越宽松了。对外资来说，我认为合资企业仍然是今后一段时间内，中外合作或者说产业发展中一种很好的方式。但是有一点，我认为靠政策来限制合资是有利有弊的，长远来看，让市场选择比较好。打个比方，对于一个人愿意结婚，还是愿意单身过日子，要宽容一点。从社会进步的角度出发，应该说限制越少越好。

总体来讲开放竞争是有利于成长的，这是应该肯定的，但还要考虑很多因素：国内企业的承受力、企业惯性，以及国家整体的开放政策进程等。在这方面，我想企业要有信心。

赵福全：您的意思是说中国汽车产业这么大，是一个多模式共存才能支撑起来、持续发展的产业？合资是历史遗留下来的产物，但目前还是有其存在的必要性和必然性。最终汽车产业应该是开放竞争的。

吴卫：投资人也要考虑长远利益。

赵福全：要有一个渐进的过程。

吴卫：有一句话，合久必分，分久必合。

赵福全：不管怎么样，我们的企业要练好基本功，要长真本事，最终肯定是要参与竞争，让市场来选择我们的投资模式的，而不是简单用行政手段。您也谈到，我们的企业也有一个对于放开的承受力问题。

吴卫：这在某种程度上也是企业的心理问题。

赵福全：确实，“仁者见仁，智者见智”，大家认为汽车产业发展不好有很多原因，您也谈到我们发展的时间比较短，总要有一个渐进的过程。但同时也有很多人认为，我们的政府部门在管理产业时，多头管理太严重了，但都只是管住了自己负责的一块，没有从产业健康发展的角度形成合力去引导。我也做了很多研究，比如和韩国比，我们有很多可以改进的地方。您怎么看待对于政府管理的上述评价？未来政府各部门是不是应该更齐心协力，不是为了把产业管住，而是应该把产业建设得更好？

吴卫：两方面来说：一方面，政府的管理肯定要适应产业发展的要求，政府来适应产业，而不是产业来适应政府。现在的问题是产业发展得太快，我们很多机制转换得不是那么快，改革牵扯到很多利益的调整，不可能一帆风顺。但改革本身是必需的，总体上必须简化、协作，同时有些方面的政府管理还要加强。并不是说我们这么多部门一起管就起到作用了，有很多该起的作用反而没有起到，该管的地方还没人管。

另一方面，也不需要过分夸大这方面的问题。否则我们汽车产业的发展速度怎么会这么快？政府管理问题有的时候被夸大了，企业在某一个阶段，自己也会遇到一些困难或者矛盾，这与政府管理并没有很大的直接关系。总体上看，我们的政府管理，实际上还是在不断地适应，不断地调整，只是没有像产业发展和要求的那样快速。

这里面我们需要重视的问题：第一是重复管理，其实国外也有很多环节是分段管的，但是我们可能在某一些环节上重复得比较多；第二是执法失衡，有人在门口把门，没有人在进门之后监管，把门处重复障碍很多、效率低下，里面该管的地方却没有人尽责，这确实是有问题的。这方面我觉得是要改变的，要把力量充实到事中、事后的监管上。当然，各国情况不一样，中国有中国的国情，实际上欧洲、日本也有人把门，同时也有人监管，只不过方式与我们不太一样。

同时，政府管理还涉及地方的干扰。在我们汽车产业的发展过程中，地方的干扰因素一直都存在，而且没有太多明显的改善。这对于国家部门的管理效果又产生了很多不利的影响。

以上这些问题都要进行充分研究，多个部门管有多个部门管的问题，但不等于问题都在这里。我们还要看到政府管理还有一个深层次的因素，就是税收影响。我们现在的税收制度设计导致了重生产轻消费，而且地方和中央的权责利不够均衡。如果参照发达国家的税制，可能很多问题就不存在了。

还有一点，我们之所以认为政府管得过多，有一个很重要的因素是我们的法制跟不上。依法行政不够，有法不依、执法不严、违法不究的问题很严重。这就造成了我们该去靠法制监管的事情，只好靠行政管理来替代，而行政又没有法律的严肃性和约束力，导致管了不该管的，而管了又管不好。我认为税制和法制是我们最需要花时间推进改革的。

赵福全：非常好，也非常高兴听到吴处长讲这番话。我也一直在研究这方面的问题，也觉得很困扰，汽车涉及太多的环节，交通、安全、税收，还包括地方和国家两级政府的管理。听您今天讲完后，虽然有很多方面我们可能还是觉得政府做得不够好，但至少我们知道政府是有这方面的认识的，我想社会也应该有足够的耐心。您谈到部门的重复管理导致政府机构资源的浪费，也让企业、消费者无所适从。您谈到我们的地方和中央之间在同一件事情上常常步调不一致，应该从立法的角度统一起来。您也谈到立法和执法的缺失，相对来说我们的执法尤其不让人满意。您还谈到这些问题背后有一个重要因素就是财税利益的分配，我们也应该向国外去学习。当然，这需要一个渐进的过程。不管怎么说，我们还是应该加快改革的步伐，毕竟汽车已经是支柱产业了，我们没有多少时间去浪费，我们必须快马加鞭、早日做强。您从发改委产业司的角度，能有这么高的认识，我觉得改革还是值得期待的。

下面还有一个问题，就是电动汽车资质的放开。不是说只有造过车的企业才能造电动车，原来的门外汉现在也可以尝试造车了。但也有人担忧说原来没造过车的能做好吗？政府也提高了电动车生产资质的技术门槛，比如由原来的最高时速、续航里程“双 80”标准提到了“双 100 标准”。原来的 80/80 对于有造车经验的企业来说都很难，对没造过车的企业就更难了，现在虽然允许它们进来，却又提出 100/100 这样更高的指标作为门槛。您觉得这样的要求对电动汽车发展会有怎样的影响？

吴卫：我的看法是这种政策是给有能力的参与者“投资”，或者说是给愿意创新和参与市场竞争的企业以鼓励。任何一个产业，确立规则，实施监管，最重要的都是要维护公共利益和消费者利益。新能源汽车产业和传统汽车产业有一个很重要的不同，传统汽车产业我们落后非常多，没什么选择，只能抓紧学习、抓紧追赶；而现在发展新能源汽车，全球基本都在同一起跑线上，国内和国外的区别不明显，都是国际水平的竞争。产业体系是国际化的，产品竞争也是国际化的，因此要求我们的企业也必须有更高的追求，或者说更高的起点。从这个角度来说，我们国内既不缺电动汽车的生产企业，也不缺电动汽车的生产能力，我们更缺有专长、有特色、有“绝招”的优秀参赛选手。我们希望通过这种放开，把原来受政策条件约束的高手放进来，而不是为了仅仅增加几家企业。

正因如此，我们提高了一些要求，让我们新进入的企业把着眼点放在今后几十年的全球竞争上。如果不做好全球竞争的准备，上场之后也不会有很好的发展空间，企业拿到资质恐怕也无法真正实现梦想。我们的立足点和出发点，至少从产业主管部门的角度讲，是要让参与者有能力参与全球竞争，也是要提高国家的总体竞争力。

赵福全：谈到新能源汽车，大家就会和第四阶段油耗法规 2020 年的百公里 5 升标准以及将来第五阶段 2025 年的百公里 4 升标准联系起来。同时最近这段时间国际上在碳排放方面也给了我们越来越大的压力，碳排放积分交易制度也很可能扩展到汽车产业。您怎么看碳排放和油耗法规的限值，与新能源汽车后续发展之间的逻辑关系？另外，涉及电能的来源问题，由于中国煤电比例高，电动也不见得就低碳。这样推广新能源汽车到底对我们汽车产业未来的发展有什么影响？

吴卫：这些管理都是为了使我们的产品结构更低碳化，更节约能源、保护环境，同时也更好地应对气候变化等国际问题。对我们国家来讲，这也是一个产业持续竞争力提升的问题。这些出发点都没有问题，当然从历史上来看，技术的进步都有一个很长的过程，像油耗管理目标的实现主要基于内燃机汽车的不断提升和进步；二氧化碳温室气体排放的控制也一样。而新能源汽车的配额或者积分管理，则是一种较新的管理制度。从美国的实践情况来看，新能源汽车积分制度在加州等地有过尝试，带来的成效很值得我们国家在未来新能源汽车发展过程中借鉴。相对来说，油耗管理的重点是提升传统汽车及其动力系统的效率。

不同办法的作用点和着眼点是不一样的，战略角度也不一样。从我们工作中的体会看，政府可能是从更高的战略层面上考虑问题，而不是从技术选择上考虑。我们考虑的是制度和创新对我们产业的意义。就这一点来说，我个人有一些观点，比如说油耗的管理，我始终认为现在还存在一些问题，特别是大众这次“排放门”事件的发生，也表明在油耗的测试方法、测试标准、测试精度、数据质量、产品一致性等方面的监管都还差得比较远。在这个基础上进行的数据管理，不宜将其作用过于强化。我们可能需要建立一套复杂的体系，应该更多地在数据质量提升、测试标准完善和对企业产品的行业管理上有所加强，催生真正的技术进步，而不是一味地追求数量的降低。而对于新能源汽车，我们还需要有一个更长效的机制，让大家更有动力去发展，达成国家的战略目标。

赵福全： 最后一个问题，您也说到我们下一步发展的重点是要把我们自己的汽车产业做强，不仅仅是追求规模，还要做得更有内涵。那么未来政府和企业应该怎样有效互动？如何在确保产业健康发展的同时实现做强呢？

吴卫： 应该客观地承认，做强汽车产业很不容易，难度很大。这方面我们要有一定的宽容度，我们更需要长时间的持续努力。这其中，我觉得最核心的还是我们的企业要创新，同时要认真、专注，更要坚持。没有一批有追求、有担当、肯拼搏、肯实干的本土企业，汽车强国的期待是无法变成现实的。我们都不希望看到中国变成完全由国外汽车公司主导的汽车市场，未来应该是共同发展，自主品牌要占有一席之地。

当然，这其中政府也是大有可为的，不是说要去保护、去干预，而是要创造积极向上、公平竞争的环境。从企业发展层面讲，无论是战略还是战术，也都要适应产业发展的总体要求。今后国家投入的重点、激励的重点，以及自主品牌如何能够更有竞争力、更加国际化，我想这些都是企业必须关注的。

最后回到最基本的一条，还是要尊重市场、尊重规律、尊重科学、尊重消费者。我们发展汽车产业并不是为了产业而产业，我们是为了满足国家经济和社会的发展需要，也是为了满足人民群众生活水平提高后多元化的需要。不仅是“行”的需求，还有其他的需求，要靠汽车来满足。只有让汽车产品成为人民生活水平不断提高的强有力保障，我们汽车产业在未来才能有更大的发展空间。

赵福全：时间过得很快，一个小时的访谈时间转瞬即逝。和吴处长的交流也更加深了我的一些认识。从事汽车产业工作这么多年，我们深知汽车产业之大，其复杂程度超过想象。汽车产业是一个龙头产业，它在国民经济中的巨大作用不应再有争议，而是应该研究如何把这种巨大的作用更健康、更有效地释放出来。

未来汽车产业发展的重点已经不再是简单地追求规模，我们要追求有内涵的产业、健康的产业，而且要站在文化、社会和整个产业生态的高度来看待汽车产业。这其中既有产品的问题，又有技术的问题，更有我们的体制和机制的问题。汽车产业要发展，要有一大批优秀的有梦想的企业家参与。如果没有充满激情、坚持不懈做下去的民族企业家，我认为我们这个产业是没有未来的。同时，吴处长也谈到了未来汽车产业的管理，从国家的角度应更多地服务于汽车产业，而不是管住汽车产业。最后无论是国家政策还是企业努力，落脚点都必须落实到消费者身上。这些观点都是吴处长的肺腑之言，也希望您在产业管理岗位上发挥更大的作用。

一个人也许解决不了整个汽车产业发展的问题，但是我相信通过大批企业家、政府领导和行业专家，包括汽车界的每一位同仁共同努力、积极互动，中国汽车产业一定可以实现健康发展、由大变强的梦想。规模庞大、涉及广泛的汽车产业正需要更多的人用智慧和汗水、创新和坚持来为之努力。汽车产业是“中国制造 2025”的载体、龙头和抓手，做强汽车产业将为中国未来制造业的转型升级提供强有力的基础和支撑，我们要肩负起汽车产业的这一伟大历史使命！

再一次感谢吴处长。

吴卫：谢谢给我提供这个交流的机会。

05 对话中国汽车工业协会副秘书长、工业和信息化部产业政策司原副巡视员李万里——“热现象”与“冷思考”

赵福全：凤凰汽车的各位网友，欢迎大家来到凤凰汽车广州车展“赵福全研究院”高端访谈栏目。下面进入今天访谈的第二个环节，我们非常荣幸地邀请到了中国汽车工业协会副秘书长、工信部产业政策司原副巡视员李万里先生，欢迎李秘书长。

李万里：各位网友你们好，很荣幸能参加“赵福全研究院”访谈栏目，和大家分享今天的谈话。

赵福全：2014 年中国汽车产销量达到 2400 万辆，汽车产业对于国民经济已经具有举足轻重的影响。今年 1 至 9 月汽车市场较为低迷，一直到 10 月才有所好转。您怎么看待中国汽车产业的产销状态，以及未来 5 ~ 10 年内的发展前景？

李万里：今年（2015 年，后同）以来，中国汽车产销情况出现了近年来少有的情况。我个人认为，出现这些问题的主要原因是输入性因素。

第一个因素，三产结构的调整。服务业比重逐渐扩大，制造业比重逐渐变小。

第二个因素，政策导向。一方面对传统汽车限行限购抑制了原本应有的需求增量。另一方面，新能源汽车得到国家和地方政府的高额补贴及许多优惠政策，发展非常迅速。中国汽车工业协会掌握的工信部统计数据显示，到 10 月底，新能源汽车当年累计产销量超过 20 万辆，与去年（2014年，后同）相比增幅高达300%。其中纯电动汽车增幅更大，接近400%；插电式混合动力汽车增幅接近200%。传统汽车与新能源汽车销量呈现此消彼长的态势。

第三个因素，股市波动刺激经济脱实向虚，汽车产业的资金链紧张是今年以来一直存在的问题。

第四个因素，市场容量趋窄，价格战全面爆发，企业效益下滑。最值得关注的是，一些历来对价格战不屑一顾的合资品牌，现在也通过官方公开降价，参与到它们曾经认为是低水平的竞争中来。

第五个因素，消费者心理预期发生变化，买涨不买降，推迟消费的情绪在蔓延。

第六个因素，汽车市场结构变化，内生性增长逐渐成为主流。据统计，今年一些大城市二手车销量已接近新车。这说明市场结构在改变，更新购车量将逐步接近首次购车量，汽车销量正从新增量为主向新增量和存量置换共存的局面发展。

第七个因素，产能过剩。各级政府盲目追求产值，积极引进车企项目，汽车企业也迎合地方政府，争取优惠条件，从而造成了产能相对过剩的局面。

综合以上七个因素分析，汽车工业已进入高技术、低增长的状态。一些专家认为，今后的汽车市场将从高速发展转变为中低速发展，形成一种新常态。

赵福全：李秘书长，在您心目中中低速增长率是多少，5%、6%左右？

李万里：过去我们一直把高于GDP增长率几个百分点作为参照。但从以上七个因素来看，尤其是由于市场结构发生变化，存量置换的比例逐步增大，未来汽车销量增长率高于GDP增速的百分点数可能会下降，或者也可能规律完全失效，不能再以 GDP 增速为参照了。这需要进一步的观察和研究。

赵福全：汽车产业举足轻重，影响着经济增长，也影响着我们的消费。同时汽车产业又受其他很多外部因素的影响。比如地方政府一方面招商引资，一方面又限行限购；股市占有大量资金；消费者消费心理变化等。中国已经到了整个汽车产业结构悄然发生变化的新阶段。从这个角度来看，未来汽车销量还是会增长，但是保持过去十年来两位数的增长率是不可能的。增长率为 5%、6% 左右的中低速增长可能将作为主流持续一段时间。

李万里：我同意你的意见，增速不一定要高出 GDP 增长率多少，基本保证和 GDP 同等速度发展的趋势就比较平稳了。

赵福全：尽管增速可能会放缓，但中国市场作为全球最大的汽车市场的地位目前看是不可能被超越的。一个很自然的担忧是，之前谈到的增长更多的是以外资品牌为主的增长，这对于中国汽车产业来说是不够健康的，因为产业的强弱是由本土企业的实力来衡量的。有一种观点认为，本土企业不强，主要是国企创新能力不足造成的。您怎么看国有企业的创新能力及其对汽车产业的影响？

李万里：根据中国汽车工业协会的统计，并不能说国有企业的竞争力严重不足。在每年 2300 多万辆汽车的产销量中，包括乘用车和商用车，一半左右是自主品牌生产的，其中国企也贡献了很大的比例。在充分开放的条件下，自主品牌还占有半壁江山的市场，我不认为这是竞争力不足。当然，国有企业确实有自身的问题，但是对国有企业的评价也应该客观全面。

第一个方面，我们看市场应对的能力，今年是中国汽车市场增速下滑最明显的一年。但是到 10 月为止，占总产量 80% 的前十家企业里面有八家是国企、两家是民企。统计数据表现出以下三个特点：

一、仍然是国企为主的局面，当然国企也包括了合资企业的贡献。

二、十家企业的销售业绩大多数是正增长，只有三家是负增长。

三、这十家企业中有七家企业到10月的累计产销增幅高于整个行业的平均水平，其中有五家是国企，包括四家地方国企和一家央企。销售增幅最高的一家企业增幅达26%，比全行业平均增幅1.5%高出非常多。在如此困难的环境下取得这样的成绩，我不认为国企没有活力或者活力不足。

第二个方面，我们怎么评价自主品牌目前的实力。我有一次参加一个课题的评奖，一个很高级的智囊机构谈到汽车产业的时候讲，中国的汽车产业只有几十年的发展历程，虽然产销量很大，但仍然是以依赖国外、从属关系为主的产业。我当时就表示不同意，中国汽车产业早已不是依赖为主、从属为主了。改革开放30年来，汽车产业一直有一个说法叫“市场换技术”。我们用市场换到了建设工厂的技术、生产产品的技术、试验的技术、评价的技术、销售的技术和服务的技术。但是我们最想得到的研发技术却没有换来，实际上也一直没能写到合资合作的合同里面。

回首30年，最初搞国产化的时候，我们连最简单的零部件都不能生产。而现在大多数企业，包括国企、民企，都可以根据自己产品的需要，自行组织开发所需要的零部件，或者根据自己的产品定位在全中国乃至全世界去采购最质优价廉的零部件。这证明了中国汽车企业在过去30年中，并没有只依靠国外，我们已经从引进、消化、再创新的阶段发展到了集成创新的阶段。我们现在可以自己开发和制造各种各样的发动机，也开始自己研制自动变速器。中国汽车产业已经形成了较为完整的研发和制造体系，这与30年前相比，是不可小视的巨大进步。

这也说明了国企里有一批有理想、有激情、敢于担当、勇于奉献的优秀领导者。但是国企在效率等方面仍然存在问题。我曾经和国企领导一起到中国一家著名的民企去调研，民企的老板开门见山地说，民企的最大优势是体制和机制，简单归纳就是一个字“快”，什么都快，你们学不了。赵教授你也曾经在民企长期工作过，并且主导参与过国际并购等一系列重大工作，相信你是最有体会的。

当前，国有企业体制改革已被列为国家重点推进的一个关键问题。今年 8 月国务院发布了《关于深化国企改革的指导意见》，提出了一系列体制、机制改革的具体要求。我相信通过改革，我们的国企一定能够不断完善现代化的企业制度，包括国企可能最缺的——更有效的决策机制，能够激励人、留住人、充分发挥人才作用的机制，以及容错的机制，从而激发国企的创新活力。

赵福全：听李秘书长说完之后，我也有同感。第一，要充分肯定过去 30 年合资合作取得的成果，我们从无到有，从最初国产化生产都很困难，到学习掌握了生产技术、质量控制技术，形成了供应商体系，这是巨大的进步。但是我们没有拿到国外的核心技术是一个缺憾。通过国产化过程，我们积累了一定的技术，下一步要再创新，在产品开发中就要靠自己努力。国企人才济济，承担着比民企更大的使命。第二，我们的体制、机制要完善，包括激励机制，也包括容错机制。谁都想把车开发好、卖好，但是市场是在变化的。汽车产业链条长，投资大，产品开发周期长，更要允许出错。希望政府能够加快改革步伐，让国企更好地参与市场竞争。“一万年太久，只争朝夕”，市场留给中国汽车产业做强的时间已经不多了，消费者的要求越来越高，法规和技术需求升级带来的挑战也越来越大，更需要企业加大投入，踏踏实实锻炼出真本领。汽车产业要做强需要各类企业的共同努力，国家如果不能保证国企的竞争力，仅靠民企是不够的。

目前，跨国企业认为我们的股比不开放，束缚了它们在中国的发展。国内也有一些观点认为，如果马上开放，自主品牌可能就要全军覆没了。股比开放与否也是影响中国汽车产业未来走向的一个很重要因素。另外一种观点是，不能立即向外资开放，但是可以先向内资开放。您原来参与过汽车产业政策制定，现在您又从行业管理角度听到各方面的声音。您觉得中国股比开放到底应该采取怎样的方式？实施股比开放的时间表又该是怎样的呢？

李万里：十八届三中全会讲到要对一般性制造业进一步开放，这里的开放大概有四个维度：第一是对内要放开，第二是对外要放开，第三是引进来要放开，第四是走出去也要放开。

中国汽车工业协会在讨论股比是否放开时，也认为短期内政策取向应该是先内后外。加快对内开放主要可以有四个方面：

第一，政府对项目、产品、企业的审计流程要简化，同时降低企业及产品准入的门槛。政府做到法无授权不可为，企业实现法无禁止即可为。

第二，提高政府管理的有效性。过去，政府对于不能直接面对和直接管理的，要通过中介机构来做，今后是否可以采取政府向真正中立的中介机构购买服务的方式。这是未来发展的一种可能。

第三，改革标准体系。国家的标准制定和实施一定要符合总体利益。我们要考虑，个别地区是否真的有必要制定高于国家标准的排放和油品标准？标准是否制定得越严越好？尤其是要分析，个别地区单独提出高标准对于全国标准的实施是利多还是弊多。中国长期借鉴欧盟标准体系，我们按照这样的体系，已经知道如何试验和评价，企业也知道怎样生产符合标准的产品。如果新标准偏离原有的体系，另外引入其他一些国家和地区的标准，也许看起来更严格，但是中国企业有没有能力在标准公布和实施之前做好准备工作？另外，制定如此严厉的标准，企业投入将非常大，如果企业难以做到又能否大幅改善环境状况？实际上，标准也是直接关系到对内开放度的基本约束问题。政府在制定标准时，一定要注意社会效益和社会成本的平衡。如果一味追求越严越好，可能就会出现问题。制定标准时一定要留足“冗余度”，历史的惨痛教训反复证明，制定政策的动机和实际效果必须高度协调，否则看起来是企业买单，最后很有可能是政府买单。从这个意义上讲，解决内部的放开问题，要有政治勇气，更要有政治智慧。

第四，国企改革必须加快进行。政府审计流程简化、管理效率提高、标准合理化和国企改革，这是我们近期要完成的主要任务。而中长期政策要和近期政策同时并举。

另外，习总书记在讲到推动全球治理体系更加公正合理时，也特别强调这其中有一个制高点的争夺问题，这事关各国在国际秩序和国际体系下长远利益制度性安排中的地位和作用。因此走出去的放开比引进来的放开更重要，这关系到我们在全球的长远利益。放开制造业不是一个简单的问题，而是一个系统的多维度的问题。

赵福全：从贸易自由的经济角度讲是应该全面放开，但是放开应该以国家利益、民族利益、产业利益作为先决条件。如果离开这些先决条件讲放开就会得不偿失，就会偏离放开的目的。我们要在一些产业和一些关键领域上抢占战略制高点，而汽车是制造业里的龙头、载体、抓手，汽车产业放开的目的绝不是简简单单满足消费者有车开的需求，那样的话全面放开让外国企业来造车也没问题。但是，如果汽车产业不能做强，制造业想做强想转型升级就会变成无本之木。我们的研究表明，汽车强国和制造强国是息息相关的，所有汽车强国都是制造强国，而制造强国也大都是汽车强国。如果不以汽车产业做强为目的来谈放开，我们就等于是放弃了制造业做强的基础，“中国制造 2025”的提出也就失去了最根本的意义。

刚刚李秘书长也提到首先要对内放开，对内放开是为对外放开做储备。您谈到最重要的一点是，如果我们对内放开的标准没有以促进形成真正的竞争力作为前提条件，那么放开也就和不放开没有区别了。我们既不能提出一个根本达不到的标准，也不能为了将就本土企业而把标准无限降低。这必须是一个技术能力、成本接受度以及未来长远目标综合平衡的指标。

现在，我们的汽车产业还不强，这和产业发展时间短、自主品牌培育时间不够有关，同时也和我们的产业管理有很大关系。中国是一个政府主导产业政策的国家，目前大家普遍认为，对于汽车产业，政府是在“九龙治水”，多头管理，造成了大家只关注在自己负责的范畴内如何把汽车管好，而没有一个部门或机构能够牵头研究和领导如何做强汽车产业。您是管理过汽车产业的，现在又担任行业领导，既面对政府，又面对企业。不知道您怎么看“九龙治水”的现象？这种现象现在有所改变吗？或者有哪些方面我们正准备快马加鞭地改变，以期做强汽车产业？

李万里：“九龙治水”是当前一个非常突出的问题，协会和企业多年来也一直在反映这方面的问题。“九龙治水”的状况是历史形成的。计划经济时，生产和销售严格遵循计划进行，管理职能也相对简单。改革开放以后，市场发生了很大变化，参与者越来越多，规模越来越大，消费者人数也越来越多。产业变大之后，伴随而来的问题也日益突出，比如能源、环境和交通问题，等等。负责能源、环境和交通的部门对影响日渐显著的汽车产业提出管理意见、拿出管理办法，这是其职责所在，无可厚非。问题在于这些部门在进行管理的时候，和原来的汽车主管部门之间的协调不够。第一是很少有充分的沟通和周密的协同；第二是大家把更多的注意力放在了管理的前端，即事前管理阶段。这样，“九龙治水”的局面就逐渐形成了。2004 年，国家发布了《行政许可法》，讲到行政审批项目需要有法律授权，但是政府各个部门也不能接受无所作为的状态。所以法律发布了 11 年，局面依然没有改变。

赵福全：执行得不好？

李万里：在 2004 年法律公布之前，是各个部门协调不够的问题。而法律公布之后，就应该依法治国了。但是局面没有任何改变，我觉得这比未能协调的问题更加严重了。十八大以后，党中央提出依法治国的基本理念，我们也感受到国家从政府的职能改革角度出发，行动力度非常大。国家有一个重要部门叫中央编制办公室，专门管理各部门的职能编制。当他们和各个部门讨论改革方案时，也感到阻力很大，于是就想到了各个产业协会。他们找到中国汽车工业协会，希望我们做一个调研报告，弄清楚到底现在谁在管汽车；在管些什么内容；依据什么层级的文件来管，是法律层面还是部门通知；管理效果怎么样；现在的主要问题是什么。希望汽车工业协会把这些问题梳理清楚，图文并茂地展示出来。协会也非常重视，发动全行业提供资料，我们认真研究，写了一份很详细的报告，里面也写了我们的建议。中央编制办公室对这个报告很满意，给予了高度的评价。办公室据此再和各个部门逐一交流。虽然问题目前还没有根本解决，但是我们已经听到松动的声音了。据称“九龙治水”里很重要的部门，领导已经明确表示，该部门将在近期退出事前管理，转入事中和事后管理。

过程虽然比较漫长，但是这次党中央、国务院的决心很大，一定要彻底解决政府职能转变的问题，而且现在已经开始出现好的迹象了。我们也期待在国家的高度重视下，汽车产业“九龙治水”的局面可以得到改善。

赵福全：“九龙治水”确实制约了汽车产业的健康发展，这是很多原因造成的，其中最大的原因就是多部门之间缺乏有效协调，这也造成了有关汽车产业的政策要有效落地非常困难。更重要的是，国家有了法律后，各个部委能不能真正依法办事？我们也期待十八届三中全会中央提出依法治国之后，对于汽车这样复杂的产业应该出台车辆法，明确各个部门的职责职能，确定国家、产业与企业之间的有效分工，这样“九龙治水”的问题也会在一定程度上得到解决。

尽管如此，汽车是极其复杂的产业，不可能由一个部委一管到底。产业政策也不可能只针对汽车自身，尤其是未来在新一轮科技革命影响下，智能网联汽车以及汽车智能制造的发展更会涉及信息产业、交通产业和城市建设等众多领域。汽车是不应该简单视为一种普通的产品的，而是应该成立一个有权领导、协调各部委的汽车产业领导小组。这个小组以做强汽车产业为根本目的，清晰定义各个部门之间的分工，严抓大家的协调和落实，清清楚楚地考核和激励各个部门，这样汽车强国战略才能更加系统一致并早日得到实现。您觉得这个建议怎么样？

李万里：各方面的专家也在提这样的建议，希望从国家层面对汽车更加重视，实现更加协调有效的发展。

赵福全：这不是某一个部委能够抓得了的。

李万里：我觉得先从政府的管理流程方面，理清管理的职能更为迫切，然后再说我们后续的工作应该怎样进一步开展。

赵福全：定义好各个部委的职责，该管的一定要管好，不该管的就不要管。

李万里：把政府工作流程定好，提高管理效率，把制定标准放在国家利益的高度上，把国企改革做好，在这些条件下再讨论政府怎么进一步推进汽车产业发展。

赵福全：刚才您也谈到，十八大之后国家相关部门专门找到协会协助调研。在未来国家简政放权的过程中，因为企业之间是相互独立而竞争的关系，我个人认为类似协会、学会这种行业组织在未来产业发展中能够发挥的作用将越来越大。协会应该怎样做好上下游沟通的桥梁，企业应该怎样配合协会的工作，国家又应该怎样听取协会的建言献策呢？请您谈一谈。

李万里：过去我们讲汽车工业协会是政府和企业的桥梁和纽带，那时候我们主要是把企业的问题或者诉求反馈给政府，把政府制定的方针、政策和意见、要求传达给企业。在新的发展时期，我们觉得只是这样的工作可能将无法满足汽车产业的发展需求。当前中国汽车产业面临着三个重大变化和一个基本不变的局面。

三个重大变化：第一，国内产业转型升级，发展模式发生变化；第二，国际上发达国家再工业化和发展中国家进一步发展工业的需求，使中国受到双重挤压；第三，创新手段和方法发生重大变化。

一个基本不变：一百年来，汽车产业始终是国家的战略先导型产业。按照德国的划分，工业 4.0 正在到来，但无论 1.0、2.0、3.0 还是 4.0，都是以汽车产业作为载体的。近期德国的工业 4.0、美国的工业互联网、日本的智能机器人，也包括“中国制造 2025”，全世界四个最大体量的经济体，在制造业转型升级战略中都异口同声地提出要发展制造产业，并高度重视汽车产业的作用，这又是一个有力的证明。

因此，保持汽车产业在社会经济中先导型产业的战略地位，是我们汽车人的重要任务。这包括两大方面的战略任务：第一是创新升级的任务，第二是结构调整优化的任务。其中创新方面可以再细分为十项任务，结构调整优化可归纳为八项任务。

创新升级的任务包括：第一，资源综合利用能力提升。这是我们必须要补的3.0的课，过去我们资源利用效率太低了，必须要解决资源利用的问题。第二，“中国制造2025”提出的产品低碳化、信息化和智能化是汽车工业发展的灵魂和基本追求，是汽车工业未来发展的重要方向。第三到第八项任务依次为生产模式的转变、产业链的重塑、物流的变化、法律体系的完善、行政管理的创新、行政管理的改革。第九，汽车成为社会智能化的载体，在智能交通、智能电网、智能社区、智能家庭和智能城市等领域发挥关键作用，目前德国和日本都是这样规划和尝试的。第十，汽车产业这些全新变化对汽车文化、生活方式乃至整个社会形态都将产生深远影响，汽车工业必须与之相适应。

结构调整方面：第一，产品结构调整，以需求带动的方式提升品牌建设。第二，企业内部调整，从完全生产型企业转变成生产+服务型企业。第三，与第三产业之间的深度渗透，未来汽车产业和第三产业之间的界限将越来越模糊，互相之间有交叉、有渗透，这个过程必然产生新的商业模式和合作模式。第四，制造业和信息业的高度融合。第五，对于其他相关产业，汽车产业也将提出新的要求。第六，与外来“闯入者”之间达成平衡而形成结构调整。当前很多IT企业要闯入汽车业，这其中，融合是必然的，近期可能是互相学习、互相吸收的过程，远期则是相互促进、共同升华的过程，从而促进汽车工业加快发展。第七，解决好自主发展和开放发展的结构调整，即我们前面讲到的要逐渐“引进来”和“走出去”都放开。第八，传统汽车产品逐步向新技术汽车产品转移的结构调整。

赵福全：汽车产业太复杂了，几乎涉及国民经济和社会生活的方方面面，因此既要对这个产业有详细的了解，又要站在国家高度来看全局。国家各个部委有很多产业要管理，不可能专门只关注汽车产业的事情。企业也有各自的目标和任务。因此，协会承上启下的使命伟大、任务艰巨。特别是，未来汽车产业已经不能简简单单地定义成汽车制造的传统四大工艺了，其他行业，如新材料、新技术，包括互联网、云计算、大数据、3D 打印、人工智能等都会对汽车产业产生巨大影响。作为行业组织，协会承担的使命也将远远超过我们曾经的理解。未来政府简政放权之后，企业也不可能无约束、无目标地发展，政府又不能像原来一样简单靠行政干涉企业，这样协会发挥作用的空间就更大了。

我们换一个话题，过去这两年，新能源汽车的销量发生了翻天覆地的变化，每年都在翻番。今年产量超过 20 万辆已经没有任何悬念。我想这得益于过去十年的储备，包括研发以及市场的培育。最近这两年，主要领导人包括习总书记、李克强总理、马凯副总理，都在不同场合做出了大力发展新能源汽车的指示，各个部委也出台了相关的政策，才有了今天繁荣的景象，形势的确喜人。同时大家也有一些担忧，其中之一就是新能源汽车目前还没有涉猎的部分，即短途电动车。续航里程40 ~ 50 公里，最大时速 40 ~ 60 公里，这类电动车的需求量远比目前实际上牌、注册的量要高得多，并且基本处在不受控的状态下。地方政府出台了一些法规要求，但是一直没有得到国家的认可。之前我们也讨论了很多次。您怎么看短途电动车的市场需求和未来发展？国家应该做点什么，才能使它们规范化，为电动车的大发展贡献其应有的力量？

李万里：近十几年，全国自下而上的绿色出行解决方案层出不穷，一浪更超一浪。比如说电动自行车、电动摩托车和低速电动车；甚至在北京街头，也开始出现老人代步车——四轮低速电动车。这些类别的电动车在某些地区形成了巨大的市场。有专家说，这种自发使用清洁能源的举动和规模，在全世界范围内都是极其罕见的。这些产品不符合目前政策法规和技术标准的要求，也不符合各部门的管理规定，理论上应该是被禁止的，但是由于规模巨大，多年来管理缺失，一直屡禁不止，目前处于一种束手无策的尴尬局面。我个人觉得这种情况反映了中国改革开放30年来，广大城市、城乡接合部和广大农村之间出现了严重的发展不平衡。美国特斯拉是从高端电动汽车市场切入。日本近几年则一直考虑在特定场合使用低速电动车。在今年的日本东京汽车展上，出现了各种各样的低速电动车，有一个座位的，还有两个人乘坐、三轮和四轮的，最高时速60公里；路权方面除了高速公路之外，所有的道路都可以行驶；日本政府推动的积极性很高，企业开发的积极性也很高，市场也很有期待，形成了很融洽的局面，大家共同讨论，制定细则，推动发展。而在中国，政府部门不同意低速电动车发展，但是有企业在做，消费者在广泛地使用，局面完全不同。

如此发达的日本汽车市场，还能够这么认真地研究低速电动车市场，我们为什么对这个市场视而不见呢？问题究竟出在哪里？我觉得对于中国低速电动汽车，关键在于有几个判断先要理清。第一是有没有必要引导。第二是用什么样的办法进行规范。第三，更重要的是有没有一种担当，为发展相对落后地区的消费者和一些特殊的人群提供改善出行条件的可能。作为政策的制定者，作为管理的部门，有没有切实为这些人去着想。实际上，最近有一句话讲得很对，即“改革成果的获得感”。政府是有责任为更广大的、出行不便的人群考虑的，以提高他们出行的能力，使他们能够有改革成果的获得感，这不仅是技术的问题，也不仅是管理的问题，更应上升到改革成果如何公平分配的问题。如果我们不拿出一个办法，不进行规范化的引导，将来的局面将更加难以收拾。

我在工信部工作的时候，部里领导多次希望通过各部门的协商探讨，制定出引导低速电动车良性发展的规范，使其从一个自发的市场变成一个自觉的市场。我们这代人现在虽然退下来了，但是希望还在工作岗位的同志们要继续研究这个重大的问题。

赵福全： 您也提到，日本时速 60 公里以下的电动车，有的连玻璃都没有装，但是它也能遮风挡雨，而且比电动自行车或者电动摩托车安全得多。如果说日本和欧洲都能接受这样的电动车，我们为什么接受不了？另外，互联网思维是以消费者为中心，消费者有这种需求，我们为什么不去面对？如果我们不管，既不取缔，也不表态，长此以往，等做到了几百万辆，甚至几千万辆的时候，又该怎么办？

李万里： 电动摩托车已经出现这个问题了，又轻又快的车，让老百姓改造或者放弃掉，老百姓很不满意。

赵福全： 我理解，您是在郑重呼吁，政府各个部门应该站在更高的高度，从改革开放成果共享的角度，也从满足相对收入较低的国民群体更便利、更有尊严、更有档次的出行需求的角度，尽快给出一个明确的说法。如果现在的低速电动车标准不够高，我们可以适当地提高标准，否则消费者有这种需求，我们熟视无睹，长期下去，对于消费者来说是不负责任的，对于整个汽车社会的健康发展也是不负责任的。出行代表着一个国家和一个民族进步的程度。

李万里： 实际上早有研究表明，出行距离的长短和国民的富裕程度是成正比的。

赵福全： 大家远距离的移动，说明老百姓的富裕程度在提升，文明程度也在提高。

李万里： 我们对于低速电动车不能再熟视无睹了，必须拿出良策来引导它。我也承认，现在低速电动车的状况不是技术进步的方向，但这是必须解决的问题，我们不能忽视。

赵福全：哪些是必须满足的要求，哪些是可以放低的要求，要有一个明确的说法。

李万里：中国的情况和国际上很多国家的情况相同，它们讨论问题的经验我们都可以借鉴，我们甚至可以通过交流的方式来确定自己未来的发展方向。

赵福全：当前无论是国内自主品牌企业还是国际品牌企业，对于如何满足中国2020年百公里5升油耗限值的法规都非常担心。尤其现在SUV、MPV热销，更觉得该法规难以满足。而与此同时，“中国制造2025”已经明确提出到2025年耗油量要做到百公里4升，这既是对技术的挑战，也是对消费者承受能力的挑战，更是对企业技术储备和开发能力的挑战。有观点认为电动汽车是未来发展方向，但是受到诸如成本、充电设施等的限制，在满足油耗法规过程中难当大任。而传统内燃机优化尽管仍然大有可为，但也已面临原理上的节能极限以及环保方面的巨大压力。另外，也有对于混合动力技术开发不足的担忧。您怎么看未来满足百公里5升乃至4升油耗限值的技术路线组合？从技术路线判断的角度，企业能力的角度，以及国家需求的角度，请您和网友分享一下您的看法。

李万里：国家提出第四阶段5升和第五阶段4升的百公里油耗标准时，我们都参与过讨论，老实说我们认为这几乎是难以完成的任务。然而在和国家能源相关部门交流的时候，我们得知这样的提法不是国家在给汽车产业出难题，而是从能源供给侧的实际状况反推，对汽车产业能耗目标给出的最高限度。这个指标是不能改变的，如果要发展汽车产业，就必须遵循这个原则，这是从国家总体能源安全战略出发的。在这样的情况下，就必须考虑各种节能技术路线，必须另辟蹊径，用其他办法来解决。观察德国和日本的国家战略，它们都在考虑与传统能源不同的新的发展战略，从国家层面上，它们不排除任何一种技术路线的可能。政府要干什么事情呢？其实就是三件事：第一，提出总体的目标；第二，对能耗指标做具体的限定；第三，尽量营造市场化运营的良好环境。

发达国家的政府极少对企业的创新活动做出干涉，企业到底采用什么样的技术路线，政府对此没有明确的约束。同时，充分发挥企业作为市场竞争主体的作用，让企业选择适合自己的技术创新方向、技术路线组合和创新要素配置方案。这些都要企业在市场环境中自主选择，并且接受市场的检验。因此，我认为最佳的解决方案是，政府做好政府的事情，发挥好市场对于企业的调节引导作用，让企业充分发挥其创新能力，朝着政府制定的目标去解决问题，实现确保国家能源安全的最终目的。

赵福全：李秘书长的结论我听出来了，您没有直接回答我的问题，因为您认为不应该回答这个问题。具体的技术路线应该是企业根据市场需求、自身技术储备和开发能力、成本承载能力等来自主决定的。国家制定百公里 5 升、4 升油耗的目标，一开始协会从企业达标的角度看也存在质疑，但最后理解到这是从国家总体能源战略出发制定的目标。我们的能源容量就这么大，能分给汽车产业的就这么多，因此对于国家油耗限值法规本身不应该质疑，汽车产业必须全力以赴、满足法规。但是国家也不应该给出具体的节能技术路线，国家应该把能耗目标制定好，产业政策制定好，同时营造良好的商业环境，最后就是让企业“八仙过海、各显其能”了。这才是我们产业健康发展的核心。

时间过得好快，从和李秘书长的交流中，我深感中国汽车产业未来的发展前景还是值得期待的。总体来说，虽然要面对很多挑战，但同时我们也有很多的机会。最核心的是十八大之后，我们要尽快把政府、产业和企业之间的分工研究界定清楚；政府要做好宏观战略的制定，企业要培养自己在市场竞争的真正实力。这样汽车产业才能够健康地发展、加快做强。

而对于低速电动车而言，既要尊重消费者需求和改革成果分享，又要考虑到国家能源战略，以及未来技术发展的可持续性。既不能对低成本电动车的庞大市场需求熟视无睹，又应该适当提高标准，以利于长期健康发展，并为新能源汽车产业助力。

感谢李秘书长一个小时的精彩分享，我相信网友们也会感觉受益匪浅，谢谢。

李万里：谢谢赵教授。

06 对话北京市环保局机动车排放管理处处长李昆生

——环保卫士的呐喊迷茫

赵福全：凤凰汽车的各位网友，欢迎大家来到凤凰汽车广州车展“赵福全研究院”高端访谈栏目。下面进入今天访谈的第三个环节，我们非常荣幸地邀请到了北京市环保局机动车排放管理处李昆生处长。欢迎李处长。

李昆生：大家好。

赵福全：您是北京汽车环保法规的直接制定者，尤其是近年来北京的雾霾天气越来越严重，环境问题因而受到高度关注，相信您也承受着很大的压力。一方面如果法规制定不严，即使车辆达标也起不到减排的效果，另一方面如果法规制定太严，又会增加车辆达标的难度，引发各方面反对的声音。实际上，汽车到底是不是最主要的污染源，大家也有着不同的看法。有的人认为汽车的污染很高，也有的人认为并没有那么高。有时候做汽车的人也会觉得有点委屈，因为汽车排放都是瞬态的，没有长期稳定的监测很难得到令人信服的结果。那您怎么看待汽车对雾霾的贡献？

李昆生：我理解您这段话是提了三个问题。第一，我们现在的环保政策法规到底严不严？第二，现在空气污染非常严重，机动车到底在污染中占多大比重？第三，现在机动车排放法规已经国Ⅳ、国Ⅴ了，因此也有很多人说机动车已经不是污染问题的主要矛盾了，应该怎样看待这种观点？

我先说说现在中国的大城市中，机动车排放大概在污染中占到什么比例。就以北京为例，北京是全国机动车保有量最大的城市。从1999年北京市开始比较严格地治理机动车污染问题，到现在大概已经有16年的时间了。在这16年间，我们采取了包括提升新车排放标准、提升油品标准、老旧车辆淘汰、车辆排放达标监管、车辆特殊监管以及进京车辆监管等各方面的措施，很多措施应该说确实已经和国际接轨了，或者说是比较严格的措施了。

结果怎么样呢？机动车排放的污染物，咱们现在说的都是常规污染物，主要有一氧化碳、碳氢化合物、氮氧化物、颗粒物这四项。其中，机动车对一氧化碳的分担率超过86%，碳氢化合物的分担率超过40%，氮氧化物分担率超过50%，颗粒物以浓度测算出来的结果是PM2.5的浓度分担率大概在30%左右。记得在2013年有关PM2.5来源的讨论非常激烈，曾有中科院的科研人员提出了一种观点，认为汽车排放对PM2.5的贡献只有4%，至少是不到10%。当然，后来这位科研人员也出来澄清了，中科院还专门开了发布会，他只计算了机动车直排的颗粒物。按我们的计算，在北京地区机动车直排的颗粒物也不会超过10%。问题是机动车排放的碳氢化合物和氮氧化合物在一定的气象条件下，有一半左右会转化成PM2.5。也就是说，这名科研人员没有计算二次转换的影响，这一点他自己后来也是承认的。如果算上二次转换，那么就有大约30%了。后来中科院白春礼院士也公布了一组数据，我印象中和北京市公布的数据是相当接近的。实际上，他是在重污染天气里测量的，因此他公布的数据里，机动车排放的比重比我们的数据还要高些。总体来说，在北京，机动车排放仍然是排在第一位的污染源。北京在中国的大中城市中具有代表性；而在其他一些城市里，机动车即使不是公认的第一位污染源，也是第二位的。

从国际横向比较来看，关于机动车对于污染的分担率，北京和其他国际大都市的情况及趋势也是相似的。未来，随着城市建设进程的完成，工业企业的搬迁，燃煤污染的治理，以及“煤改气”等措施的推进，工业和燃煤的污染总量将持续下降，因此尽管机动车的排放绝对总量也会下降，但机动车的分担率还可能会上升。例如，我记得1999年北京市机动车常规污染物的总排放量大约100多万吨，现在是80万吨左右。因为实施了越来越严格的排放标准，总量其实一直都在下降，但是机动车的分担率是在上升的，国际上的趋势都是如此。

关于我们的标准或者政策法规到底严格不严格的问题。应该说在某种程度上，北京市采取的这些措施是比较严格的，在国际上也是比较领先的，至少是处于比较前列的位置。北京现在实施的是第五阶段机动车排放地方标准，也就是京Ⅴ，实际等同于国Ⅴ，这是参照欧Ⅴ的标准制定的。因为中国这十几年来都是采用的欧洲标准限值，检测方法与欧洲标准也基本一致，而管理方法是有所区别的。

从去年开始，欧洲新生产的车辆开始实施欧Ⅵ标准，一年以后其他车型也要实施。总的来说，我们现在还是在和欧洲法规接轨。油品方面，欧洲汽油、柴油硫的质量分数都是百万分之十。对在用车的检测方面，我国采用简易工况，而欧洲采用怠速工况，实际上我国的检测也要比欧洲严格些。对老旧车辆淘汰的鼓励方面，我们从奥运会开始一直延续到现在，每年市财政投入10个亿左右的财政资金，鼓励大家去以旧换新；原来是淘汰黄标车，现在淘汰国Ⅰ、国Ⅱ，甚至国Ⅲ的老旧车，鼓励市民更换国Ⅴ标准的车辆。这项政策已经坚持六七年了，这么大的力度在国际上也是绝无仅有的。当然，虽然这些政策措施中有的力度比较大，但也存在很多问题，包括标准的一些缺陷等。

另外还有一些问题，大家，尤其是汽车行业的专家们，在很多场合都进行过一些讨论，甚至是辩论。有人说，现在实施国Ⅳ、国Ⅴ以后，机动车就不是环境污染的主要矛盾了，这是一种观点。还有一种观点说轿车的排放量非常少，我们不用过于严苛。另外一种观点，就有点耸人听闻了，说某些小汽车就是空气净化器。其实他们可能并不太了解真实的情况。以北京为例，其他城市也是相近的，碳氢化合物这一块，机动车分担率达到40%左右，其中九成都是轿车排放的；氮氧化物分担率在50%左右，其中六成是重型车排放的，四成是汽油小轿车排放的。因此，大家都是污染的制造者，无论你开的是轻型车还是重型车。

赵福全：听您讲下来，应该说有一个共识，就是汽车贡献的PM2.5大致在1/3左右，其他常规污染物的分担率则更高。而“汽车”又是一个笼统的概念，这里面有新车、旧车，有乘用车、商用车，可能大家认为对环境造成严重污染的都是冒黑烟的载货车。其实，各种类型的车辆对于环境的影响都是存在的。请您简单总结一下，这可能也会涉及未来立法和执法的重点。

李昆生：对汽油小客车来讲，确实从欧0到欧Ⅴ，污染物的排放总量下降了90%以上，有的专家甚至说高达95%。汽车从化油器改成电喷加净化器以后，每个阶段实施新标准，污染物就能下降30%～50%。现在站在北京的马路边，已经闻不到什么味道了。关于重型柴油车，从开始执行国Ⅲ标准，采取了电喷加高压共轨这些措施以后，也能基本保证车辆不冒烟了。现在北京本地的车辆冒烟的很少，无论是轻型车还是重型车，排放都已经有了很大的改善。

但这并不是说机动车就不是问题了，这是两个概念。刚才说北京每年7万多吨的氮氧化物从机动车里排出来，重型车占了60%以上；还有六七万吨碳氢化合物，90%都是小客车排放的。实际上排放量确实比原来低了很多，但是要达到所要求的排放物限值也是有条件制约的。首先油品必须合格，同时汽车厂家就保 10 万公里，开五六年以后，不更换净化器可能导致排放超标很多。还有一方面，现在控制的都是常规污染物，也就是刚才说的四种，但化石燃料燃烧的产物还有很多，比如苯、醛等，都是环境污染物。另外，在天气比较冷的情况下，低温起动的时候，低温的限值比常温的限值倍数要差 10 倍以上，污染物的排放量大概也是常温的 10 倍以上。机动车的排放治理，实际上是没有尽头的，无论是低温排放、非常规污染物，还是正常行驶状态下常规的污染物，都要控制好，我们还有很多工作要做。

赵福全：这就涉及下一个问题了。现在您也正在紧锣密鼓地制定京Ⅵ标准，即下一阶段的排放法规。您能不能简单谈一谈京Ⅵ什么时候出台？它和京Ⅴ有多大的差别，将会采用什么样的测试循环？这应该是很多企业都很关心的话题。

李昆生：这确实是一个很大也很复杂的问题。京Ⅵ标准是我们制定2013—2017 年北京市清洁空气行动计划里面提出来的，当时说力争在 2017 年实施第 6 阶段的标准。这个信息发布出来以后，国内外的企业都很关注。去年我们又提出，这个标准可能要向美国标准靠拢。现在我们已经实施了十几年的欧洲标准，从欧Ⅰ一直到欧Ⅴ，这个标准无论是对于轻型车还是重型车，都有很多的不足和缺陷。

比如说从轻型车方面来看，车辆要到实验室进行测试，来判断是否达标。而在工况的设置方面，欧洲标准并不符合北京道路的实际状况，包括最低车速、最高车速、加速度和平均速度，都与北京车道行驶工况有很大的差别，这是一方面的考虑。另外，因为欧洲柴油车较多，欧Ⅴ、欧Ⅵ排放标准之间对汽油车的要求并没有太大变动，主要差别在轻型柴油车方面，标准更加严格。过去在欧Ⅴ时，汽油车和柴油车的氮氧化物要求相差 3 倍以上，而欧Ⅵ要求柴油车的排放标准向汽油车靠拢。

而我国出于排放原因的考虑，从 2003 年起就不允许发展柴油轿车了，我们希望严格汽油车的限值，这样就没有必要继续沿袭欧洲标准，这是第二方面的考虑。

第三方面的考虑，欧洲标准对于轻型汽油车，包括汽油轿车的碳氢以及 VOC，这些污染物的控制有很大的缺失。它每个循环排放量的限值是每 24 小时 2 克。这个标准比美国宽松很多，美国有 48 小时和 72 小时两种循环，排放限值分别为 0.5 克和 0.65 克。碳氢化合物方面，欧洲标准也有缺失，机动车无论在行驶还是静止状态或加油的时候，排出的碳氢化合物是有很大一部分没有得到控制的。而美国标准，无论是加州标准还是美国全国的标准，都要求 ORVR 系统，说得通俗一点，就是加一个更大的炭罐，比现在欧洲标准车上的炭罐至少大一倍以上，用来控制蒸发，把碳氢化合物在排放前处理掉，这是美国标准的思路。我们初步计算一下，在北京地区，500 多万辆汽油小客车，由于这方面标准的缺失，每年大概有 6 万吨碳氢没有得到控制，大概每辆车每年多排放 6 千克 ~8 千克左右。这也可以说是欧洲标准的第三大缺失。

同时，欧洲从欧Ⅰ到欧Ⅴ标准都对轻型柴油车排放的限值进行了放松，到欧Ⅵ才开始靠近汽油车排放标准，也没有完全一致。在一定程度上，欧洲对柴油机的“宽容”，也是导致大众柴油车“排放门”事件发生的间接因素。我第一次见到它们的讨论方案是汽油机和柴油机都 60 毫克，实施完全相同的限值，而现在公布的标准柴油机放宽为 80 毫克，仍然没有实施美国标准所坚持的燃料中立原则。这是欧洲排放标准在轻型车方面的第四大缺失。

重型车方面，当发动机装在整车上以后，由于车身太大，实验室无法容纳整车进行实验，整车的排放测试做起来很难，因此欧洲标准选择了只进行发动机的测试。到第六阶段我们准备在这一领域实现突破，在全球率先进行重型车整车排放测试。不仅要求发动机排放达标，整车也要求达标，不能有两套控制程序：一套控制环保，一套控制油耗。现在我国采用形式核准来控制环保，发动机装在整车上都是用油耗法规的工况来进行测试的，这在今后也是不允许的。另外，重型车的欧Ⅴ和欧Ⅵ标准，对低速低功耗工况下的排放控制也存在漏洞。我们从京Ⅴ标准开始，正在逐步修正欧洲标准本身的一些缺陷。

赵福全：您觉得京Ⅵ不会继续引入欧Ⅵ标准，主要是希望对汽油机排放加严控制，而欧Ⅵ不具备这方面的要求；同时，欧洲的工况和北京大不一样；另外，对于碳氢的蒸发排放，和美国比起来欧洲标准也是控制不严的。这些就是京Ⅵ更倾向导入和中国工况更相近的美国加州工况的原因吗？

李昆生：这确实是比较主要的考虑，我们发现北京的道路行驶工况的最高速度和平均速度都和加州工况比较接近。

赵福全：现在我们为什么不制定一个属于中国的工况呢？

李昆生：这是一个老问题了，中国工况确实是呼之欲出。从我个人的角度来说，也是支持制定中国工况的。现在国家也启动了制定中国工况的项目，我也是项目组的成员，我们都在力所能及地提供自己的资源来帮助制定中国工况。但是一个工况的制定过程是漫长的。欧洲未来将实施新的 WLTP 工况，以取代原来的 NEDC 工况，而它们的工况制定工作前后持续了七八年，到现在也还没有最后敲定。WLTP 工况原来设想在 2017 年投入使用，现在我得到的最新消息也有可能会推迟到 2020 年前后了。同样地，据我了解，中国工况的制定也还要持续较长的一段时间，因为制定工况确实是一个非常复杂的问题。

赵福全：欧洲不愿意过早导入 WLTP 是因为工况制定不成熟，还是因为欧洲的厂商为满足这个工况的技术储备没有准备好？它们反对的原因是什么？

李昆生：欧洲给新工况起的名字很动听：世界轻型车工况。全世界的道路情况肯定不会是一样的，要用一个标准把它统一起来，难度很大。接近欧洲的工况，美国就没有办法参加；接近美国的工况，欧洲也不会接受。无论倾向于哪个工况更加合适，背后都牵扯到巨大的利益，争论在所难免。可是，现在北京的污染已经很严重了，按我们自己的标准超标了至少一倍以上；如果按照世界卫生组织的标准，要超标好几倍。改善空气质量的迫切性促使我们不能继续等待了，现在就应该尽快实施更严格的标准。

实施更严格标准的意义是什么？北京每年新的车辆大概是 50 万～60 万辆。依照现在接近 600 万辆的保有量计算，北京要是实施新标准，五年以后车辆就更换了一半，污染物就会大幅减少。但我们现在没有时间等了，要是再等到五年以后，甚至七八年以后，中国自己的工况出台，就太晚了。我们现在就要尽快选一个世界上比较成熟的、比较严格的，比欧洲标准更适合中国情况的标准来发挥减排作用，让大家能有一个更好的生存环境，这就是我们的出发点。

赵福全：您是认为虽然中国工况的制定必要性很大，最终能够帮助国家更好地减排，但制定过程需要大量的实验、验证和论证，需要很长的时间，北京等不及了。那么另外还有一个疑问，中国这么大，一个工况能够满足得了吗？也有的人在讨论，中国是不是需要两个工况？

李昆生：从我们了解的情况，无论是哪个体系下的工况，要和该国或该地区的每座城市车辆行驶状况完全一致，是不可能的。美国选择的典型城市可能是纽约，欧洲选用的是巴黎，日本选用的是东京，然后再根据本国其他城市做一些修正。在中国，比较典型的城市是北京，因此在最后的中国工况里面，北京所占的参考比重会比较大。

很多关心汽车污染以及关心拥堵的人总会问，国外为什么那么多车不拥堵、污染也没那么严重，我们为什么这么拥堵、污染这么严重？实际上，北京作为一个内陆城市，是先有的城市，后有的车辆。而国外很多城市本来就是在汽车轮子上发展起来的，不能同日而语。现在我们改善空气质量的速度已经受到很大的质疑，要想在短时间内改善环境状况面临很大挑战，这种压力也迫使我们下决心尽快采取更加严格的措施。我们的领导也已经表态，今后要在北京这个地区实施全世界最严格的排放标准。

赵福全：我们在北京实施全世界最严的法规和排放标准，可能缓解北京的雾霾问题，但肯定解决不了上海的雾霾问题。在全国雾霾的大环境下，北京仅仅靠自己的严格标准能做到独善其身吗？大家有时候也会开玩笑说，北京的环境主要看天气、看风向。

李昆生：这也是老问题了，有的人问得比你还尖锐，说我们环保主要靠风吹。

赵福全：是的，如果一阵风刮来了，河北、天津的雾霾影响到北京，环境问题还是无法解决，那我们制定这样严格的法规是不是只会劳民伤财？

李昆生：就像我之前提到的，机动车在北京 PM2.5 中的分担率大概 30% 左右；如果考虑外来的影响，本地机动车的分担率还会下降一点，在 20% 左右。因为外来的污染大概能占 30% 左右，这部分以河北为例，主要污染源是燃煤，这种区域传输在所难免。但总的来说，北京 70% 的污染还是本地造成的。因此毋庸置疑，控制本地的污染仍需要加大力度；同时周边区域的污染也需要加强控制，避免区域传输对北京产生影响。

这就是为什么现在环保的重点地区，包括京津冀、长三角和珠三角，都明确要开始区域管控了，从各个领域，涵盖车、煤、工业等多个方面实施。这次新颁布的《大气法》从 2016 年 1 月 1 日起实施，其中就包含了对重点区域的专门章节，也就是说，要控制区域污染。今后，一定区域内不仅要统一标准、提高标准，还要做到交叉执法、跨区执法、联合执法。目的就是要解决区域污染的问题，各个领域、各个方面都要采取措施才能够最终解决问题。

赵福全：关于治理雾霾，您谈了京Ⅵ实施的必要性和重要性，以及未来跨区域共同努力的方向。毕竟即使 70% 的污染是本地造成的，其余 30% 也很可怕。反过来大家又有另一个担忧，我们很紧迫地把法规和标准制定得很严，如果执法过程中不到位，可能最后就变成我们按照严格的标准，用很高的开发成本来满足法规，但实际排放情况并不好，还是不能解决雾霾的问题。您怎么看立法和执法之间的关系？

李昆生：你提了一个很好的问题。我们也承认，不仅要加强立法，包括法律和标准，以及强制性的技术法规等，还要严格执法。我也在很多场合非常坦率地说，无论是实施新标准，还是加大在用标准的执法力度，其实现在都是存在问题的，这个我不否认。不过随着今年新《环保法》和明年新《大气法》的实施，总体而言我们的执法力度将会逐步加大。

今天主要谈车，大家肯定关心汽车减排的执法力度够不够，这个方面实际上已经有了一些报道，包括我自己也写过相关的文章。在用车方面，包括新车的执法力度都需要全面加强。从北京市来说，北京在车辆监管方面现在是全国做得最好的，我们环保局机动车排放管理中心拥有全国唯一一家环保系统的实验室，是具有国际水平的型式核准级别的实验室。我们每年定期要在市场上抽查 200 个车型、600 辆左右的车辆进行测试，以监督在北京销售的车辆，无论轻型车、重型车我们都要求能够达标。相比较而言，其他省市区县的力量比较薄弱。为了利用好我们手上的资源，对周边区域的新车实行严格的标准控制，2015 年 6 月 4 日，我们成立了京津冀晋鲁蒙豫七个省区机动车联合执法办公室，我们要做到不仅在北京销售的车辆能够达标，外地车辆也必须达标。

我们有一支由六七百人组成的在用车排放监管队伍，每个区县都有机动车排放管理站，对重型车入户抽查，对公交环卫车辆还有运输车辆入户检查，对年检厂实施图像监控、数字监控、巡查、遥测对比监控等，对在用小客车实施路检。所谓的路检，现在采用的是遥测的方式，遥测车辆排放如果超标了，就要求车主一个月之内对车辆进行维护，这些是对北京市在用车的监管。对进京的车辆我们也有相应的达标监管，要求国Ⅲ标准以上的车辆才能进京。

我也知道，现在其他省市的监管力量相对比较薄弱，有一些厂家在钻这个空子，在造假。新的《大气法》实施以后，无论是对新车还是对在用车都进行了严格的规范。要求其他省市要学习并逐步靠拢北京的执法力度，比如说对在用车的年检和路检方面尽快监管起来。

最近也有很多教授给我写信，他们知道《大气法》的实施细则正在制定中，认为关于轻型小客车净化器的更换有很多问题，这个问题确实比较复杂。比如国Ⅳ的小客车，厂家保证的达标里程是 10 万公里，超过了 10 万公里，这辆车就有可能超标。实际上从北京交通委公布的数据来看，平均一辆车每年行驶 1.5 万公里左右，六七年以后就超过 10 万公里了。我们按照国家标准，将用户的在用车送到实验室，进行在用车符合性检查。如果出了问题，没有达到排放标准的要求，厂家就有责任，可超过了 10 万公里厂家本来也没有承诺。当然，目前从我们掌握的情况来看，无论是抽取在用车，还是根据年检的统计情况，汽油小客车的达标率都在 90% 以上。另外，我们还有鼓励老旧车淘汰的政策，六七年以上的车辆鼓励车主主动淘汰，更换国Ⅴ标准的车辆。越来越多的车主现在已经更换第二辆车了。因此，根据我们这些年的监管数据来看，在用车符合性达标的比例还是比较好的。

赵福全：北京现在对这种老旧车辆的置换有什么政策上的特别优惠吗？一台国Ⅲ标准的老旧车辆排放相当于很多台国Ⅴ标准的新车，如果靠自然淘汰肯定不行，毕竟汽车产品的生命周期可能是10年或者更久。

李昆生：你提了一个很重要的问题，现在我们国家的标准对9座以下的小客车，或者说两吨半以下的车辆，是没有报废年限规定的。其他车辆方面，重型车是15年报废。小客车没有报废年限，国Ⅰ、国Ⅱ标准又没有耐久性的要求，这是很大的问题。因为之前的标准就是这么规定的，不设报废年限，所以年检过了仍可以继续使用。我们在奥运会以后，出台了鼓励淘汰老旧车辆的政策，车主转出或者报废的，之前是补贴6000~7000元；从今年（2015年）开始，鼓励直接报废，如果车辆使用8年，而且是国Ⅱ的车，很难再次出售，残值比较低，市值大概也就一万元左右，而我们给车主补助的额度在80%~90%之间，也就是八九千块钱。就像之前我说的，每年我们市财政花10个亿在执行这项政策，世界上没有哪个国家或者城市有这个力度。

赵福全：谈到京Ⅵ就不能不提国Ⅵ。因为此前都是京标先行，国标跟进。比如北京先推出京Ⅴ，然后国家推出与京Ⅴ一样的国Ⅴ。那么国Ⅵ还会这样吗？您怎么看待京Ⅵ和国Ⅵ之间的关系？

李昆生：我们和国家的相关部门一直保持密切沟通，按照现在的时间表推断，应该是在2022年前后推出国Ⅵ标准。因为国Ⅴ现在还没有实施。国Ⅴ原来规划的是2018年供油，现在供油提前到了2017年，按照新《大气法》“车到油到”的规定，国Ⅴ标准也有可能会提前到2017年前后开始实施。按照国家的惯例，一般4~5年或者更长一段时间以后开始实施下一阶段标准，因此第六阶段国家标准可能在 2022 年前后实施。

我在很多场合都在讲这种观点，国家标准不用赶北京标准的步伐。现在有一种国Ⅵ的方案，说是要在 2017 年前后实施。在减排方面，北京提出减排 30% 以上，国家也相应提出把欧Ⅵ标准的限值减少 30%，同时准备使用 WLTP 工况。但是欧洲是否能在 2017 年如期推行 WLTP 工况都还不一定，这样的国Ⅵ标准肯定是行不通的。目前大家比较有共识的就是，要赶紧开发中国工况，来满足国家第六阶段标准的需求。现在是 2015 年，到 2022 年还有六七年，大家抓紧时间，是有可能制定出中国工况的。届时无论车辆的排放标准还是油耗标准，都统一到中国工况上，就可以满足国Ⅵ标准的需求了。

赵福全：这样说来，国Ⅵ要采用 WLTP 或者中国工况，而京Ⅵ要采取加州标准，同时我们还有并行的国Ⅴ标准。对于任何一个企业来说，在一个市场上要同时满足三个不同的法规是非常困难的，意味着要生产三种不同技术路线的产品，这种挑战之巨大是超乎想象的。

李昆生：看似挑战巨大，然而我们了解的情况并不完全是这样的。全世界现在用得最广泛的一个是欧洲标准体系，一个是美国标准体系。第三大标准体系即日本标准体系，主要是在日本本国使用。现在全球 60% 在用欧洲工况，40% 左右在用美国工况。主要检测机构里面的检测设备，还有主流汽车厂家的检测设备，都是型式核准级别的，都能完成欧洲和美国标准工况的检测。多年来，我们也一直与很多企业保持沟通，包括国内的和国外的。之前在开发欧Ⅳ、欧Ⅴ产品的时候，企业也提出来要用至少两年，或者三年，甚至四年的时间。但是我们觉得欧洲标准也好，美国标准也好，外国车企都有成功开发相应产品的先例。否则这些主流的汽车厂家也就不可能既在美国卖车，又在欧洲卖车了。总的来说，外国车企是有相应的开发能力的，只要政府告诉企业什么时候开始实施新标准就可以了。

而本土企业要分成两部分来看。在重型车方面，目前就是以本土企业为主的，我们京Ⅵ的核心还将是欧Ⅵ标准，只是我们要加一个整车工况进去。大部分重型车整车企业，还有发动机企业，都是自主品牌企业，这项内容应该没有什么问题。而轻型车方面，也就是三吨半以下的车辆，主要是乘用车这一部分，80%～90%市场份额是合资品牌，这部分也没有太多问题。现在的问题主要是其余的自主品牌轿车产品，实际上它们在北京所占的市场份额还不到10%。因为北京有其他一些政策，导致大家买车的时候基本上都是选择购买合资品牌的产品。关于自主品牌的乘用车，能不能跟上北京标准的步伐，根据我们这些年来实施新标准的经验来看，原来实施欧Ⅰ、欧Ⅱ、欧Ⅲ、欧Ⅳ标准的时候，它们一直在跟着前进，到京Ⅴ也就是欧Ⅴ的时候，在某种程度上，很多自主品牌已经不像合资品牌和进口品牌那样高度关注北京标准了。

我想其中可能有很多方面的因素，可能北京对排放管理比较严格，而北京以外的地区管理比较松，从而造成了自主品牌有地方可以卖车，对北京排放标准就不够重视。其实我一直都在讲，中国汽车产业要想真正做强，自主品牌必须有能力满足严格的环保、安全和节能标准。很多国家发展汽车工业都是后来者，包括日本、韩国，但现在日韩发展20年后都已经走出国门了。我们自主品牌不下决心去开发满足更高标准的产品，又怎么能走向世界呢？实际上据我所知，从国Ⅱ到国Ⅲ、国Ⅲ到国Ⅳ基本上就是单车增加两三千元的成本。而且也有一些供应商可以辅助开发，包括有技术实力的外资或合资供应商。因此我觉得只要自主品牌下决心做，是一定能做到的。

赵福全：一方面是决心的问题，但另一方面也是严峻的挑战，毕竟自主品牌的成本承载力不能与合资品牌相比。还有一个问题，您怎么看待排放、油耗和成本之间的关系？有人说环保部门只关注排放，油耗部门只关注油耗。但最终企业还是要将其合二为一，更要面对消费者买不买单的问题。

李昆生：我们其实也很关注油耗的问题，2013～2017年北京市清洁空气行动计划已经明确提出来，到2017年我们希望并且要求北京的油耗总量比2012年下降5%，这是一个很大的挑战。因为车辆还在持续增加，但我们要求油耗总量降下来。我们原来也一直在呼吁，要出台行政以及市场方面的调控政策，降低车辆的使用强度，减少排放，减少油耗。现在这方面仍然是个问题，必须加大力度。

赵福全：我还有一个问题，现在一提到排放就会让人联想到大众柴油车“排放门”事件。这次大众车出现问题是在美国被发现的，如果是在中国，我们在执法过程中能发现此类问题吗？

李昆生：大众“排放门”事件出来以后，无论对车企还是政府都有很大的触动。中国由于车用柴油品质的滞后，造成了客观上中国乘用柴油车比较少。所以“排放门”对我们的影响应该比较小，在某种程度上这是歪打正着。当然美国发现“排放门”问题也不是那么简单的，这是加州环保局、国际清洁交通委员会（ICCT）和西弗吉尼亚大学联合攻关了两年的时间，反复研究测试，才最后确认的。这个过程很复杂，要真正找出问题，而且让企业承认，是需要很长时间的认真研究和博弈的。我们在2008年建立实验室以后，也同样在做这方面的研究，等于是对某些方面实施监管，以及在某种程度上和一些机构和企业进行博弈。因为无论要处罚哪家企业，说它的产品不合格都需要切实可信的证据，这不是一件容易的事情。我想以我们现在实验室的水平，还有相关专家的能力，类似的问题我们也是能够发现的。

赵福全：最后一个问题，您现在正在积极推动京Ⅵ标准的制定，而且京Ⅵ号称是全世界最严格的排放法规，希望能够为北京雾霾的治理做出贡献。那么展望一下，10年、20年之后，中国排放法规的升级和大气质量的改善将会是什么样的愿景？

李昆生：您的问题都很尖锐。已经实施了这么严格的标准，到底未来效果怎样？20年太长了，就说10年以后的情况好了。刚才我也提到了，北京PM2.5年均浓度是85.9%，国家标准为35%，超出1.5倍左右，而世界卫生组织推荐给各个城市的健康标准是10%～15%，大概超标5倍以上。我个人的观点是，如果说北京Ⅵ阶段标准能够顺利实施，那么10年以后北京的车辆80%以上都将是京Ⅵ水平，机动车排放的污染物肯定会大幅度下降。当然，虽然污染状况会有所缓解，但也还是有可能出现污染比较严重的情况，具体还要看其他因素的变化以及我们参照什么标准。

有的专家说可能要20年以上，甚至30年以上才能够真正做到良好空气质量的长期有效维护。我想从机动车的角度来说，排放标准也不可能一步到位，第六阶段之后应该还要有第七阶段。现在北京第六阶段的油品正在努力向加州水平靠拢，烯烃含量加州是10，我们从25一直降到目前的15，比国家标准严格很多；环保关键指标还有，如烯烃芳烃等，都要继续大幅度降低。再过10年，也许第七阶段也实施一段时间了，机动车污染治理一定大有改观，同时随着城市建设进程的完成、工业企业的搬迁和燃煤污染的治理，这个城市的空气质量一定会变得更好。至于能够优化到什么程度，还要看新标准的实施力度。

赵福全：看来10年之后北京的蓝天还是值得期待的，让所谓的“阅兵蓝”“APEC蓝”在平日里都可以实现！非常感谢李处长和我们的分享。

确实，环保问题是一个非常敏感而重要的话题，因为它关系到国计民生。从老百姓到国家领导人都要在同样的空气环境下生活，它不仅涉及年轻人，还有老年人，更有新生代。如果我们以及我们的孩子都没有健康的成长环境，就很难有健康的身体，我们为社会创造物质和精神财富的动力就会变小。因此，治理环境绝对不是暂时的问题，而是需要长期的规划。

今天和李处长交流之后，我们可以看得到北京相关部门治理环境污染的决心。我们也了解到在立法的同时，政府也决心加强执法。因为只一味地推动立法，而执法跟不上，就很可能事倍功半。同时，环境治理是综合性问题，需要多管齐下。机动车虽然是主要污染源之一，但也只占 PM2.5 的 1/3，剩下的 2/3 我们也要关注。如果仅仅是机动车排放标准实施了第六阶段甚至第七阶段，而其他方面没有改变，那我们的环境是不会有根本性改观的。保护环境，人人有责，每个行业、每个企业、每个老百姓都应该参与进来，从我做起，从现在做起，未来我们才有可能真正实现显著的环境改善。

感谢李处长百忙之中参加我们访谈栏目，贡献了真知灼见。相信网友们听了之后，也会受到很大的触动。治理环境，从现在开始。谢谢李处长，谢谢大家。

李昆生：谢谢。

07 对话中国社会科学院工业经济研究所主任赵英

——盛世危局下的产业抓手

赵福全：凤凰汽车的各位网友，大家好。欢迎来到凤凰汽车广州车展“赵福全研究院”高端访谈栏目。下面我们进入今天访谈的第四个环节，我们非常荣幸地邀请到了社科院工业经济研究所的赵英主任。有请赵主任。

赵英：凤凰汽车的各位网友，大家好，非常高兴今天能够在这里和赵院长共同探讨关于汽车工业的话题。

赵福全：汽车应该说在国民经济中的地位已经是举足轻重了，但很多人还是认为汽车产业的定位不是很清晰。那么您如何理解汽车在国民经济中的地位呢？

赵英：还是那句老话，汽车工业是国民经济的支柱性产业。从 20 世纪 80 年代开始，当时我在汽车工业政府管理部门工作，就论证过汽车工业将成为支柱产业；到今天，汽车工业真正成为国民经济的支柱性产业了。汽车对 GDP 的增长有巨大的促进作用，带动了相关产业的发展，拉动了居民消费，方便了百姓出行等。从国际范围来看，欧美和日本等发达国家，汽车工业已经发展这么多年了，但是汽车的支柱性产业地位仍旧不变，这就是最好的例证。今天有些人之所以比较忽视汽车工业的支柱地位，一个重要原因在于互联网等高新技术的快速崛起，但实际上汽车工业也是一个常做常新的产业，它的自我更新、自我进步的速度非常快。在今天，汽车产品已经远远脱离了单一的交通功能，它已经成为一个为人类提供办公、娱乐等个性化交通服务的平台。

赵福全：非常好，汽车人听到这番话一定会为您点赞。之所以问这个问题，是因为现在出现一种声音，认为中国的汽车产业发展到这么大规模了，合资引进就够了，为何汽车产业还一定要做强呢？您觉得汽车强国战略在国家经济发展中的地位是怎样的？

赵英：我认为起到了非常核心的作用。简单来说，“中国制造2025”就指向一个目标，使中国由工业大国转向工业强国，但如何实现这个目标，需要一个抓手，需要有一个核心带动的产业，我认为那就是汽车工业。汽车工业对提高原材料水平，提升机械装备水平等，都起到了极强的带动作用。另外，从德国的“工业4.0”来看，这种生产方式的转变，德国人最早也是选择在汽车工业上。总之，汽车工业强则制造业强，这是已经被全球工业化进程所证明了的。因此，中国由汽车大国转变成为汽车强国，从而推进工业的整体发展和提升，将具有战略意义。

赵福全：我也进行过这方面的研究，发现汽车强国和制造强国是息息相关的，汽车强国无一不是制造强国；反过来，制造强国基本上也都是汽车强国。像德国“工业4.0”就把汽车作为示范工程项目，宝马、博世以及西门子共同参与。您觉得在推进“中国制造2025”的过程中，如何才能有效发挥汽车作为载体、龙头和抓手的作用？实际上，一开始“中国制造2025”中是没有汽车的，最后通过汽车人的努力争取，才被收录进去。

赵英：这可能是因为对汽车工业的理解存在误会，认为汽车工业属于传统工业。“中国制造2025”之所以要以汽车工业作为抓手，应从两个方面来看。第一，从汽车产品本身来看，其原材料、工艺和关键零部件水平的提升直接关系到其他各个行业水平的提高，基本上“中国制造

2025”中提到的多数行业都和汽车有关联。第二，从制造业整体需求上看，中国成为工业强国有一个很重要的因素，就是提升整体的工业装备水平，而所有的高端装备，可以说几乎都要应用在汽车上。如果没有汽车的拉动，没有汽车工业作为载体，就都会落空。但比较遗憾的是，近年来我们汽车工业的发展并没有带动装备工业的发展，这个您可能也注意到了，我们很多汽车厂的主力装备全是进口的。未来，中国必须以汽车作为载体来拉动装备制造业的发展。

赵福全：确实有很多汽车企业购买的是外国的制造业装备，那是因为我们装备制造业不先进，还是因为外资、合资企业就倾向于买外国的?

赵英：我认为还是不够先进，有些装备不是不能制造，但存在一个可靠性的问题。企业从用户来讲，要挑最好的装备是无可厚非的。当然还有些领域甚至还不能制造出来，透射出我们整体的装备工业实力的不足。举个例子，汽车厂碰撞的假人都是进口的，维修还得送回去，这说明我们装备工业的差距与先进发达国家相比还很大，也说明我们努力和进步的空间还很大。国内的装备工业要尽快地为汽车工业提供更好的、能够为汽车企业所接受的装备。

赵福全：李克强总理提到的“互联网+”，汽车产业毫无疑问是其中很重要的领域。在“互联网+”的背景下，汽车产业的机会在哪，挑战又在哪?

赵英：“互联网+”对汽车工业来说是一个挑战，挑战主要在于全行业的运行都要在“互联网+”的环境中重新考虑布局。具体表现在两个方面：一个是电商对销售模式的冲击；还有一个是“互联网+”真正对汽车工业起作用，主要还是从“工业4.0”的角度。通过产业链条的重组，汽车工业的经营模式、生产模式都将发生变化，比如主机厂和供应商之间的连接，主机厂生产线的调节，主机厂本身的设计研发和生产以及后面的质量保障与反馈，一直到与销售、服务信息的连接。因此，“互联网+”对汽车工业来说，影响非常深远，既是推动力，又是严峻挑战。

赵福全：您谈到一个核心观点，“互联网+汽车”等于是汽车业在“中国制造2025”中如何应对“工业4.0”的机会，包括机器相连、万物互联，这既涉及整车厂，又关联到大量的零部件企业。说到中国的零部件产业，很多企业的能力、规模都不行，那在这种情况下，如何应对“中国制造2025”呢？

赵英：这在中国是一个巨大的矛盾。为什么德国首选汽车工业作为“工业4.0”的突破口呢？因为其汽车工业有一个匀质的水平，有统一的技术标准。但对于中国来说，一个是生产管理水平差异太大，另外一个是技术标准还不一致。我们的零部件厂有的给德系配套，用德标；有的给美系配套，就用美标；还有的用的是日本标准，这怎么能够协同？所以，我认为“互联网+”也是一个逐步推进的过程，能不能先从零部件企业自身出发，作为一个小单元先行实施，理念逐步成熟后，再扩展整合成一个大系统，从企业集团的角度向外扩展，逐步推进。比如，我们的整车企业如果想一下子建构出类似德国宝马那样的体系，有很大的难度，但可以因地制宜，根据自己的实际情况在某个领域、某家工厂先推行合适的方案。

赵福全：“4.0”是整个制造业的“4.0”，但是也得从一个企业，从一个车间，甚至从一个小小的零部件开始做起。

赵英：我也写过相关的文章，根据各个企业不同的生产工艺和技术要求，“4.0”也不是都适用的。比如说，一般的改装车厂，批量小，关联少，就是搞好企业内部的信息管理和内部的互联网就足够了。而大的 OEM 作为整车厂，要参与国际竞争，必须从自己开始，以国际水准为目标，逐步提升互联和智能的程度。大家都朝着这个方向共同前进，步伐可能参差不齐，但最终会抵达同样的终点。

赵福全：无论是“中国制造 2025”还是“工业 4.0”，都是全新的制造模式。对人的要求应该说是前所未有的；对企业管理能力的要求也是前所未有的，而管理最终也落实到人上；整个的流程、体系都要重新再造，这也要靠人来完成。面对“中国制造 2025”和“工业 4.0”，您觉得人才方面，应该有怎样的变化？

赵英：这个变化就太大了。今后将是一个大融合、大改组的过程。工程人才必须掌握一些软件的运用，知道一些管理的知识，而管理人才今后可能也要对生产过程有所了解。另外，企业管理人员的权利分配可能也会有变化。未来会不会产生一个“互联网 +”情况下的信息沟通系统总师，而不再是传统上的生产工艺总师，这都是可以设想的。从更长远来看，恐怕我们的教育体系也要进行改变。

赵福全：如果说过去绝对只是强调制造业，那么现在当我们展望智能制造时代时，对人才的要求也截然不同了。原来我们更强调专才，未来则更需要通才。未来计算机的能力会越来越强，软件的应用、计算的能力、通信的能力、存储的能力、记忆的能力可能都会超过人，对这些变化，我们的技术与管理人才都必须理解和掌握。因此，未来社会一个人既要拓宽知识面，更要具备对综合问题的处理能力。

赵英：福特时代是人在管理，一大堆工人和机器在工作，有专人进行管理；但今后到了“互联网 +”的时代，是管理者在管理着管理者，因为一线的工人，包括工头、工长，理论上都可以被机器取代，只要是大批量、自动化生产的产品，企业的每一个员工都是管理者。从日本的精益生产的角度来看，这也是可以实现的。今后进入“4.0”时代，每台机器、每个加工的零部件都将有一个识别码，自动记录相关信息、随时反馈有无问题。今后管理者需要管理的事务更综合、层次更高。

赵福全：也就是需要更加复合型的人才。

赵英：一线具体的工业技术、工艺管理人员可能也要减少。今后大学的培养不应偏重专项的工程师，铸造就只学铸造，而是要掌握更多的知识。一定要明白信息时代对于人才的需求与以往相比，发生了巨大的变化。

赵福全：挑战不仅仅在于现代企业如何转型，还涉及整个教育体系的改革，因为对于未来的人才需求提出了更大的挑战。

赵英：是的，也包括 MBA。现在的 MBA 从我们工业经济研究的角度来看，纯粹只是一个经济学的课程，今后则要有更广泛的涉猎，比如要学计算机，了解互联网怎么运作等，不一而足。否则作为管理者，就跟不上时代的发展了。

赵福全：我们谈到了“工业 4.0”，也谈到围绕“工业 4.0”零部件企业如何应对的问题，总的来说，大家都觉得汽车产业是有机会的。不过谈“互联网 + 制造业”的时候，已经不是汽车产业本身的事情了，很多 IT 企业也认为自己的机会来了，认为做软件恰恰是它们的强项，它们想造汽车。而传统汽车人认为它们不行，汽车还是最基本的交通工具，IT 人造不好。您怎么看这个问题？另外，IT 和传统汽车业又如何融会贯通呢？

赵英：IT 人造车，可以分为两个层次或维度。一个是 IT 行业的人带着新想法，要挤进汽车行业，这本身并不是一个坏事。从历史上看，一些新想法往往会导致“鲶鱼效应”，甚至有引发整个产业产生革命的可能。另一个是 IT 行业的人以所谓互联网思维来打造汽车，然后和传统汽车较量，这就是两码事了。也就是说，是汽车加上一些 IT 的东西，还是IT的东西加上汽车，这是完全不同的。总体上，IT企业基本都是以软件为主的企业，而汽车产业则是要造出汽车产品来的实体企业。而且造汽车和造手机是不同的概念，因为手机很简单，就几个模块，重点是出一个构思，然后外包，最后监督一下就能完工了。汽车的生产过程、工艺过程、设计开发流程都远比手机复杂得多，即使未来实现了互联协作的智能制造，可以减少部分人工，但生产过程本身一点不能简化或降低标准，所以实际上还可能变复杂了。如果把物联网控制过程加上，甚至把3D打印也加上，就更加复杂了。原始创新的积淀，设计开发能力的形成，数据资料的积累，有经验工程师的培养，这些都不是一天两天的事情，更不会因为有了互联网的因素就变得不重要了。所以我的看法是，IT企业进入汽车产业，如果很绝对地说是在胡闹，可能不太妥当，但是大批IT企业都涌入进来，甚至说要颠覆传统汽车产业，那也是不靠谱的。假如没有汽车工业基础的一百个IT企业开始造车，大概能有两三个生存下来就很不错了。相比之下，我更看好类似鲁冠球那样的企业，第一它本身就是制造业，第二它对汽车工业有一定的了解，第三它又有一定的创新。

赵福全：它也没有整车厂的历史包袱。

赵英：是的，从这个意义上讲，这样的企业可能会有一个弯道超车的机会。

赵福全：由造零部件模块变成造整车。

赵英：对，然后再加上创新的成分。又比如有些互联网企业进入汽车领域，就做得还可以，最明显的例子就是特斯拉，但特斯拉也是从制造业起家的。

赵福全：实际上，埃隆·马斯克也是雇了一群懂汽车的人在造车，而他自己则以不懂车来做宣传。

赵英：特斯拉的老总我也研究过，他是懂高新技术制造业的，比如最厉害的火箭发射重复使用他都敢做，说明他懂工程也懂新技术的应用。

赵福全：您作为社会科学的专家进行了客观的评价，否则有些人可能就认为我们搞汽车的是在“老王卖瓜、自卖自夸”了。汽车需要 IT 行业的新知识、新技术，但这并不意味着 IT 产业可以完全取代汽车产业。

赵英：IT 进入汽车同样要以汽车制造为基础。

赵福全：让 IT 来做锦上添花的事。

赵英：改变汽车产业的某些运行方式，或者让汽车和 IT 业两者结合，但即使两者结合，我认为还是要以汽车企业为基础。

赵福全：的确，如果造一台汽车总是死机确实是大问题。谈到 IT 想造车，我认为重塑是很可能的，但是颠覆却是做不到的。只有双方进行有效的融合，才能实现这两个产业一起完美造车。

赵英：是的，互联网技术对汽车产业商业模式的流程再造也会提出新的挑战。

赵福全：现在汽车产业关于合资股比要不要放开仍然存在很大的争议，您怎么看合资股比放开这件事？

赵英：之前我们曾经在一起讨论过这个话题，当时我曾经说了一个观点：股比可以放开，但要先对国内企业放开，使我们企业有一个缓冲的过程。对国内企业放开，一个好处就是它符合中央混合所有制改革的精神，毕竟汽车行业本身属于竞争领域；另外，也能够推动大企业内部机制的转化和改革。而如果主张现在就一步到位、全面开放，允许让外资接管，我认为是有问题的。当然，目前外部的压力越来越大，再坚持可能也坚持不了几年了。所以更要加快对内资放开的速度。

赵福全：延迟对外资放开的时间，加快对内资的放开，有利于产业内部的良性循环和健康发展。

赵英：我认为在自主开发方面，中央的国有企业做得可能不如地方的国有企业，地方的国有企业做得又不如民营企业。所以，我们很有必要在完全放开市场竞争之前先加快改变内部机制，这或许是最后一搏了。

赵福全：国家产业政策中能源是非常重要的一块，您怎么看汽车产业和能源之间的关系？汽车是耗能大户，怎样在保障国家能源长期安全的同时，确保汽车产业的可持续发展？

赵英：你说到点子上了。说到底，“一带一路”战略很大程度上就是为了确保国家的能源安全。实际上，除了通过国家战略来确保能源安全之外，还可以通过改变国家的能源结构来改善能源安全形势，而且可能成本还更低。就改善能源结构方面来说，我认为汽车工业必须承担起很大的责任。目前，汽车产业基本上是进口原油的最大用户，如果能够改变主要消耗石油燃料的能源结构，再加上中国自有石油以及其他替代性能源，中国能源安全问题就会得到很大的改善。从这个意义上讲，国家下大力气来推动新能源汽车的发展，这不仅是节能减排的问题，更重要的是国家能源安全的战略考虑。我们汽车工业自身，也应该从这个角度来认识国家战略。同时我希望，政府部门的其他政策也要持续发力。

赵福全：过去这两年国家出台了大量的政策，鼓励新能源汽车走进千家万户。现在则出现一种担忧，到 2020 年，预计各种补贴政策都会逐步退坡了，届时新能源汽车的销量增长是不是会放慢，怎样避免这种情况的出现？

赵英：从未来五年来看，确实存在不确定性。为什么这么说？五年的时间，如果按照目前的趋势发展的话，新能源汽车应该能达到百万辆的规模，成本就会下降很多。也就是说，我们近期的补贴政策可以影响到五年以后的汽车市场。但是补贴不可能永远维系。从国外看，日本也有退坡，退坡的结果一定是使汽车市场销量和经济规模数量能够相匹配。我觉得这是近期一个非常值得研究的问题。如果政策定好后，机械性地到时候就退坡，恐怕会有问题；还是应该视情况而定，有一个灵活调整的空间，这就需要深入的研究和分析。借这个机会，我也讲一下个人对补贴政策退坡的看法。我认为，一定不能是政府人为地定好政策，而不去考虑市场的情况。实际上，政府出台新能源补贴政策就是为了鼓励一个新产业的成长，但一个新产业的成长不可能像政府所设想的那样，按照每年的平均增速去发展，它尤其需要市场引导。这就要有一定的调节空间，或者在实行退坡的同时，实施其他辅助政策来弥补补贴退坡的影响。从目前的情况看，我认为补贴退坡如果来得过快，是会出现很大问题的。当前新能源汽车从单厂的生产规模来说，最多就是 10 万辆，这个产量还不足以实现规模经济效应，使成本显著下降。

赵福全：汽车产业归根到底还是规模经济。

赵英：20 万辆可能成本就能下降得很快，但现在还不行。实际上，我们的电池也还不过关呢，我最近写了一篇文章，动力电池实际上还处在小批量生产阶段，还没到真正考验的阶段，也就是说还没有经过大规模使用的检验。距离上万人、十万人开着电动车跑两三千公里的真正考验，还早着呢。因此，新能源汽车的补贴退坡还是要慎重。

赵福全：赵主任抓住了每一个问题的要害，很多问题都回答得非常精到。最后一个问题，我们一开始就谈到，汽车产业做到今天已经奠定了绝对的支柱性产业地位了，尽管有些专家有一些曲解，但事实上汽车已经是关系到国家经济命脉的核心产业之一。而支撑一个国家经济命脉的产业绝对要靠本土企业，没有一个制造强国的支柱性产业是靠外资企业的。那么，中国自主品牌怎样才能做强？这也是困扰着很多领导、企业家、专家和学者的问题。您这么多年来一直研究经济安全、产业安全，从您的角度来看，我们的自主汽车企业到底应该怎么做？国家到底做点什么，企业应该做点什么，也包括我们整个社会应该营造什么样的环境才能更有利于本土汽车企业的发展壮大？

赵英：这是一个大问题，我总结了改革开放以来我们国家那些最后取代外资、战胜外资的产业的规律。它们的共通点是，扎根中国广大复杂的市场，寻找相对优势。比如说，我们一开始家电也不行，但是找到相对优势了。这个相对优势是什么？是我们的维修服务远远比外资做得好。

还有最近的例子，华为和小米作为手机行业的代表终于崛起了，我们可以向三星、苹果挑战了，这也是因为找到了相对优势。手机业的相对优势就在于性能上进行适合本土消费者需求的完善。比如，中国的消费者喜欢自拍，那么就完善这个自拍功能。而外资企业通常是在总部设计，面对的是全球市场，在追踪本土消费习惯方面可能就欠缺一定的灵敏度和速度。

赵福全：它们雇佣的中国人可以提出建议，但人家是在一万里之外的地方做决策。

赵英：提了建议外方也不一定接受。此外，小米就是找到了适合自己发展的商业模式，全面外包，最后整合出来小米手机，通过互联网的渠道来进行销售；华为则是依靠其强大的通信设备研发能力，找到一个相对优势来进行突破。目前，中国的汽车工业就面临这样的困局，究竟我们的相对优势在哪里？制造水平、质量管理等，可能都已经或正在和国际接轨了，但最后开发出来的产品并没有优势。

赵福全：缺乏创新能力？

赵英：创新能力确实是很重要的一个方面。另外，就是我们很多汽车企业与合资企业有天然的联系，模仿外方合作伙伴可以做到一点不走样，但是总活在人家的影子里，怎么能找到相对优势呢？这两年感觉找到了一些，比如在 SUV、MPV 领域出现了转机，当然这也是跨国企业的疏忽，不了解中国本土市场的发展需求。

赵福全：这个相对优势如果只是昙花一现，人家的产品也上来了又该怎么办？

赵英：有这个可能。当然现在自主品牌的 SUV、MPV 已经被中国消费者接受了，另外也树立了价格标杆。跨国企业跟上来能不能做到自主品牌这么便宜？恐怕也不容易。但是即便如此，SUV 和 MPV 也只是一个细分领域的突破，在更为关键的乘用车领域整体上，自主品牌又怎么突破？我认为现在还没有找到好的突破口，可能在维修服务方面应该能找到一些优势，也进行一些创新尝试，但是总体而言我坦率地说，自主品牌的售后服务做得不如合资品牌，比如在宝马、奔驰的 4S 店，顾客真是上帝，大多数自主品牌还做不到。

赵福全：国家应该做点什么？

赵英：我认为主要有两条。一个是按照现在的产业政策体系，继续加大研发的投入和激励。现在是市场经济，不可能再去直接支持某个企业、某个产品，计划经济时代的政策显然已经不适合市场经济的发展需要了，效果也不一定好。但是促进共性技术的进步和发展还是极其必要的，特别是现在我们处在能源革命时代，新能源汽车的技术路线还未定，电池也还有待新的突破，另外还有新的潜在方向，比如石墨烯等，燃料电池也还处在攻关的阶段，国家必须加大力度，全力支持这些研究和探索。

另一个，国家还应该推出一些支持汽车零部件企业发展的切实有效的政策。关于自主零部件产业的发展在历次汽车产业政策中都有写到，但很遗憾都没有落实到位。支持汽车零部件企业发展的政策，一定有不同于支持整车企业之处。我在汽车产业工作这么多年，包括后来从产业经济的角度继续从事汽车工业研究，一直以来我认为国家都没有找到支持汽车零部件企业发展的有效政策。像你刚才所说的，汽车零部件生产很多都是中小企业，按理说支持中小企业的发展要容易得多，但恰恰没有落实，很多扶植零部件企业的举措最后全部都落空了。中国目前的汽车零部件市场很不乐观，一大批外资企业已经扎根并在不断扩张，而数量众多、实力有限的本土企业还在苦苦挣扎。要知道，没有强大的本土汽车零部件产业，就不会有强大的本土汽车产业。

赵福全：看来要想把汽车产业做强，正应了那句古话“路漫漫其修远兮，吾将上下而求索”，我们还得继续共同努力。

今天，赵英主任和我们分享了他对于汽车产业在国民经济中不可替代的重要作用的理解，汽车强国支撑着制造强国，反过来制造强国也离不开汽车强国。作为推动中国制造业转型升级的载体、龙头、抓手，汽车产业的健康可持续发展值得我们共同的高度关注。然而，汽车产业的强大，实际上是由本土企业的实力决定的；而本土整车企业的发展壮大一方面需要国家的有力支持，另一方面也需要更多优秀的本土零部件企业的支持，因此做强本土汽车零部件产业也亟须国家的政策激励。做强汽车产业不是有几家强大的整车厂就可以了，没有优秀的零部件企业，同样谈不上是汽车强国。

在新一轮科技革命的大背景下，“互联网 +”“中国制造 2025”“工业 4.0”都为中国汽车产业崛起提供了重要机遇，如能把握住机遇，中国汽车产业还是大有希望的。而中国如能建成汽车强国，则中国推行“中国制造 2025”、建设制造强国就有了一个坚强的支撑点，有了一个重要的基础。

同时，汽车产业太复杂，又太重要了，它关系到国计民生的方方面面，涉及的不仅仅是汽车产业，也和其他很多重要产业息息相关。从这个意义上讲，汽车甚至可以说是整个国家竞争力的综合体现。因此，汽车强国梦应该是我们大家共同的梦想。

希望大家一起努力，共同上下求索，把做强中国汽车产业的迫切愿望，转化为建设汽车强国的实际行动！再一次谢谢赵英主任的精彩分享。

赵英：谢谢大家。

08 重塑汽车产业巅峰对话——重构中的产业发展机遇

时间：2016年2月24日

主持嘉宾：清华大学汽车产业与技术战略研究院院长　赵福全

对话嘉宾：中国汽车工程学会理事长　付于武

中国汽车人才研究会副理事长、原中国汽车报社社长　李庆文

北京汽车集团党委书记、董事长　徐和谊

博世中国总裁　陈玉东

蔚来汽车创始人、董事长　李斌

凤凰汽车高级副总裁、“中国原生营销研究院”院长　徐进

赵福全：感谢各位嘉宾今天能够亲临《洞见汽车强国梦》新书发布会，并参与“巅峰对话”环节的讨论。也感谢凤凰卫视、凤凰汽车的诸位领导、同仁，能够敏锐地感受到新常态下汽车产业的重要需求，打造了《赵福全研究院》这个高端访谈栏目，搭建起一个汽车业界专家之间深度交流的平台。

下面就开始今天的对话讨论，欢迎各位来到凤凰汽车《赵福全研究院》高端访谈栏目。今天我们的主题是“重塑汽车产业”，六位嘉宾都是行业的大领导、大企业家，更为难能可贵的是每个人都代表着不同的领域，在他们的背后有影响行业、掌管企业、传播思想的众多精英。今

天的对话，希望大家都畅所欲言，不要有任何保留，要努力传播自己的思想，把心中所想呐喊出来。像李总从事的是新兴的互联网造车，更要利用好这个非常难得的机会。

正如刚才所说，在当今网络传播和新媒体发展迅猛的时代，凤凰汽车的领导、同仁们能够坚持“内容为王”，打造这样一个对话栏目，我认为是颇具眼光的；而再将访谈内容进行提炼、编撰成书出版，更是匠心独具。今天参加对话的付理事长、庆文社长之前都参加过《赵福全研究院》这个栏目，徐和谊董事长也专门为《洞见汽车强国梦》这本书撰写了推介语。接下来，我们想听听玉东总裁对今天新书发布会的感受。

陈玉东：实际上，我和赵博士是老朋友了，在底特律的时候我们就认识。今天作为零部件企业的代表来参加这个新书发布会，我觉得非常荣幸。《洞见汽车强国梦》事先已经邮寄给我，我读下来感觉确实很好。对话的这十位专家，很多我都认识，都是老朋友，大家的目标是一致的，为了中国汽车产业未来更好的发展而建言献策。比如邬学斌，他是做工程开发的，侧重谈了很多产品开发流程、平台开发等方面的内容，讲得很细，很多想法值得我们去思考与借鉴。凤凰汽车能够将这些访谈内容结集成册，出书传播，确实是做了一件很有意义的事情。作为中国汽车行业的一员，我们希望这种“洞见”今后能够更多，也希望赵院长能够采访汽车界各个方面的更多人，尤其是要采访一些像李斌这样的新兴力量。

为什么这样说？博世作为零部件企业，包括徐董事长领导的北汽作为整车企业，可以说，我们在传统汽车领域都已经深耕多年了，但对于新兴的互联网企业，我们接触得还不多。对于这些以全新的理念来创建汽车企业的勇士们，我本人是很敬佩的。非常支持李总领导的蔚来汽车以及乐视汽车等互联网企业的开创性举措，我认为他们为汽车工业的发展引入了新鲜的血液，值得更多关注。就博世而言，无论是传统车企还是互联网车企，我们都是朋友，都会积极支持。

赵福全：感谢陈玉东总裁的充分肯定和肺腑之言，他也特别提到了李总。那么，我想问李总，在今天的这个活动上，您把自己定义为汽车人还是非汽车人？

李斌：我一直把自己定义为汽车人。

赵福全：那您下次愿意不愿意接受我的采访？

李斌：很荣幸能接受赵院长的采访。书我还没来得及细看，但感觉这本书的视角的确挺不一样：有五位采访嘉宾是专门负责产品开发的研究院院长，他们都有很深的专业技术背景；而立足于建设汽车强国这个目标，也非常符合目前中国经济发展的整体形势。大家可能知道我也是易车的创始人，过去新媒体的很多采访往往聚焦在营销上，今天凤凰汽车打造的《赵福全研究院》从研发的视角出发，集众人之智探讨中国汽车强国之路，非常难得。《洞见汽车强国梦》，书如其名，这是我今天很深刻的感受。

赵福全：非常感谢。事实上《赵福全研究院》有很多的视角，今天发布的只是第一本书。我们不是只考虑产品开发，更是全方位地为中国汽车工业“把脉问诊”。面临新常态，中国汽车工业更需要一次全面而冷静的思考和探索。为此，第一季我们邀请了当职的几位研究院院长；第二季是行业的几位大佬，比如付理事长、董扬会长等；第三季我们又请到了李庆文社长、李骏院士等；第四季则主要是政府领导，像发改委的吴卫处长，北京环保局的李昆生处长，原工信部副巡视员、现在汽车工业协会的李万里副秘书长，还有社科院的赵英研究员。

刚刚玉东总裁也说了，后续我们也将围绕造车的新生力量探讨新的核心话题。应该说，现在汽车产业非常热，有各种各样的声音、各种各样的机会，造车的路一下子多了起来，以至于大家的选择都有点迷茫了，而后进来的人都觉得自己的机会多，可以开拓出一番新天地。这不仅仅是中国，世界其他国家的汽车产业也同样面临着全新的机遇，所以我们今天的主题叫作“汽车产业重塑”，但不叫“颠覆”，我认为谈“颠覆”可能会触动汽车人的敏感神经，所以我们慎用“颠覆”，称“重塑”也更准确。

到底怎样重塑，“仁者见仁，智者见智”，站在国家的高度和站在企业的角度来看也是不一样的。今天就请在座的各位嘉宾，从不同的角度来谈谈自己是怎样看待当下的中国以及世界汽车产业，也谈谈自己最关心的问题是什么？徐总，您在政府单位干过，在合资企业干过，现在又是北汽的掌舵人，最近您也是动作频繁，在与互联网合作造车，也在全力推广北汽的新能源汽车。那么，针对以上几个问题，请徐总先谈谈自己的看法。

徐和谊：首先非常高兴能够参加今天的新书发布会，中国汽车产业现在正处于重要的转折时期，三位作者以学者的身份出了这样一本厚重的汽车强国建言书，我认为意义非凡。刚才发布会上也介绍了，这本书只是第一册，后面还有若干册，形成一个系列，所以我建议书的封皮上以后可以印上 1、2、3、4……

赵福全院长谈到今天大家要畅所欲言，那我就从业务和技术的角度谈一些个人观点。为缓解一点压力，我先聊些别的。昨天刚从韩国回来，之前也经常去，不过这次出发前我和夫人“客套”了一下，问她是否需要我带点什么。夫人就交给我一个繁重任务，让我带些面膜回来。我就把这件事托付给了随团的小翻译，她是朝鲜族，对首尔特别熟悉。我和她开玩笑说，得给我多买几份，结果她给我买了三大箱子，一共才花了3000多元人民币。不仅把面膜买了，手膜、脚膜也都买了，还有贴眼袋的，全套。昨天晚上夫人拆包，我说你给我看看到底什么叫手膜、脚膜，作为大老爷们儿算是开了回眼界。我拿着包装在那儿看，思绪万千。原来我在北京经委工作过，那个时候咱们国家的日用化妆品还多少有一些自己的品牌，商店也有一些柜台售卖，到今天，几乎全没了。小小的韩国不过5000万人口，这个产业竟然做得如此之大，产品的竞争力、开发能力竟然如此之强，就看这包装，从颜色到手工，设计得非常考究，非常吸引人眼球。想起来就感到很沉重，非常沉重。我们国家走到今天，很多产业就这么过去了。不要说面膜了，就是咱们日常抹脸的，诸如雪花膏之类的，都已被世界各大化妆品牌占据了，想起来真是不好受，不知道用什么词来形容。

回到汽车这个话题也是这样。我这次去韩国，是去做新产品的鉴赏，现代又一代新产品推出来了。我看了看，当然和奔驰还有差距，但是它技术进步的速度非常快，包括智能化以及节能技术等方面又上了一个更大的台阶，这无形中又拉大了与我们的差距。

当前，我们国家乃至世界汽车产业是不是到了一个重要的转型期，或者说世界汽车技术进步是不是到了一个重要的转折期？回答当然是肯定的。不管是叫第四次工业革命，或者新一轮科技革命，我认为都深受客观环境的影响与推动。

第一个方面是互联网。中国是全球人口最多的国家，近14亿，95%以上的人口使用的是汉语，这是互联网得以在中国迅速发展的优势所在。不像欧洲国家，国土既小，民族又多，语言丰富，推广互联网的难度相对较大。实际上，中国现在已经成为网络大国，网络规模和用户数量全球第一，互联网经济这些年来发展得如火如荼，我们的互联网企业也处于全球前列，这些都将为中国发展汽车产业的智能化创造有利条件。

第二个方面是新能源。放眼全球，新能源必将成为未来各国重点研发的领域，这也是我们汽车行业转型升级时必须长远考虑的环节。2014年，习总书记在考察上海汽车集团时，曾强调“发展新能源汽车是我国从汽车大国迈向汽车强国的必由之路”。我曾反复思考这句话，这其中包含了很多内容，这句话为我之后的很多决策指明了方向。去年以来，国务院出台了一系列支持和鼓励新能源汽车发展的政策，力度之大令人振奋，但我想这可能还只是一个开始。前几天在电动车百人会上，我也了解到了中国政府下一步的想法和思路：对于国家能源战略来说，完全依赖石油是不现实的，现在中国进口石油的比例已经超过60%的警戒线，带来国家政治、军事、外交等方面一系列错综复杂的变化。国家每年用于采购石油的外汇也非常惊人，而有1/3的石油都消耗在了机动车燃油上面，同时带来了日益严峻的大气污染问题，雾霾肆虐横行。

因此，发展新能源汽车可以说势在必行。此外，由于中国汽车产业资产负担没有发达的汽车强国重，发展汽车工业的历史较短，积淀也少，转型相对容易，同时我们在新能源技术开发方面可以说基本上与国际处在同一水平。可能个别领域我们稍微弱一些，但在某些领域我们可能还强一些。总体上来说，差距不大，在发展新能源、智能化方面，我觉得我们还是具备一定的优势的。

第三个方面就是国际化，这一条今天不做展开。

对于北汽来说，发展新能源和智能化是集团“十三五”规划放在首位的重要战略，我们将集中全力应对世界以及中国汽车产业的转型变革。北汽从2010年开始大力发展新能源汽车，我们是真投真干，并不是说北京市政府逼着我，或者我只做几台样车，发展到今天，也已经有了一定的规模和积累，取得了一点成绩，但是还远远不够。我现在调集了全集团最优秀的力量，实施“五个优先”，包括立项、资金，也包括人才，等等，都向新能源集中，来进一步开拓新能源市场，不仅着眼于目前，更是考虑到未来的长远规划。

在智能化方面，我们在去年年底就开始筹划，今年年初专门成立了一个新技术研究院，力求寻找全球最好的资源，实行开放式的协同创新，打造出北汽第一款高智能化的产品，并计划在这次北京国际车展上亮相。当然我们与国际水准，特别是一些大品牌相比还存在一定差距，但是我坚信，只要我们本着“坚韧、执着、专注、极致”的精神——这是我在春节后团拜活动中给大家提出的，我觉得这八个字也包含了互联网的思维和精神，下定决心，奋起直追，一定能不断缩小差距。目前，北汽已经联合乐视网、清华大学、北京理工大学、北京联合大学等，借助于互联网平台，联合各大高校资源，全力打造我们的智能化汽车。

关于企业运营与决策，我觉得当然要讲科学、讲民主，但有的时候还得靠一把手的决断，否则机会容易错过。在北汽，我是认准了新能源和智能化的，所以一定会全力以赴地加紧推进。

赵福全：谢谢徐总，刚才徐总用为夫人在韩国采购面膜为开端，引出来他的很多感慨和思考。事实上过去这几年北汽的进步大家有目共睹，也都非常认同。很多技术都有大幅度的提升，尤其在新能源方面影响力不断增大，但徐总不是只看到成绩，而是反过来感受北汽与国外汽车大品牌之间的差距，不只看到自己的进步，更看到人家也在进步，从而化压力为动力，不断寻求新的突破。另外，徐总也谈到了，北汽以新能源汽车和智能汽车为重点，是基于国家长远发展的战略选择，中国确实有着巨大的机会，相对来说，这方面与欧美等汽车强国相比，差距较小。

刚才徐总谈到动情之时，近距离看去，眼睛里面泛着泪花，足见是他发自内心的感慨，想必也引起了大家很多的共鸣。做强汽车产业必须真干实干，这正是企业家的责任和担当，如果浪费太多时间在争议和纠结上，是无法建成汽车强国的，我们再给徐总一点掌声。

下面我们听听付于武理事长怎样看待今天这个话题。付理事长在中国汽车产业从业将近50年了，管过工厂，做过政府领导，现在作为中国汽车工程学会的理事长，更影响着全行业。付理事长，您是如何看当今世界，包括中国在内，汽车产业发展的大形势的？

付于武：刚才福全讲不要说颠覆，不要触动汽车人的敏感神经，坦率说我这几年最讨厌的词就是颠覆，但是我今天真的有被颠覆的感觉了。

为什么这样说呢？我从事汽车产业将近50年，其中20多年的时间是亲身在产业层面摸爬滚打，我大概归纳为三个阶段，每一个阶段都带给我不同的深刻感受。第一个阶段是1993年美国的PNGV计划，这是由时任美国总统克林顿主导的，终极目标是提高燃烧效率，百公里耗油三升。到1999年，大众推出了第一款百公里耗油低于3升的车型路波，百公里三升的目标在20世纪真的实现了，带给我很大的触动。

第二个阶段是2005年左右，我在捷克布拉格参加国际汽车工程师学会联合会（FISITA）大会，当时理事会37个国家的代表投票进行表决：你认为未来世界汽车新技术的方向是什么？投票的结果是新能源汽车得到绝大多数票。这是我第一次见到在技术方面进行这样一个形式的表决，当时的感受比较深刻。中国自“十五”规划开始，也一直持续不断地推出支持新能源汽车的一系列政策，但是市场表现不尽如人意，汽车界的看法也不完全统一，在全球范围内也是如此。

第三个阶段就是最近几年互联网的崛起，这一次我不但印象深刻，而且真的有被颠覆的感觉，这是实话实说。无论你是讨厌它还是不愿意听到它，但是你回避不了它，刚才徐总也讲了，互联网太可怕了。进入移动互联时代，互联网造车、智能化汽车冲击着我们传统的汽车产业，这是一个时代的趋势和潮流，我们不能排斥，更不能拒绝，汽车产业一定要拥抱这些改变。第四次工业革命也好，工业 4.0 也好，汽车产业的转型升级也好，总之转型变革期是真的已经到来了。

在这个变革的时代，中国有没有机会？太有机会了！如果说 PNGV 计划，我们那个时候是在远远地观望，如同天书一样离我们很远。而在新能源汽车这方面，我们的进步速度好像也并不尽如人意，与我们的预期效果还有差距。那么，今天的智能网联汽车时代，我们适逢其时，极有可能改变历史。

去年 3 月 15 日，我和董扬、庆文、福全等一起到日产参观，体验了它们最新的智能驾驶，结果走到银座不行了，摄像头坏了，出现盲区，没办法只好驾驶员上。晚上日产的会长宴请我们，问我有什么感觉？我说感受到你们的真诚，你们的自动驾驶汽车技术还不够成熟，都拿出来让我们体验，这还不是真诚吗？可见像国外这些大品牌，在智能技术方面也远未达到尽善尽美。所以在这一轮的技术革命中，中国确实是有机会的。智能化、电动化，再加上小型化，打造中国的国民车，完全有可能超越。而在这个技术革命的时代，我们更加需要像徐和谊同志这样的企业家，需要像赵福全院长这样的复合型人才，也需要技术的领军人和优秀的工程师等。

那么，未来什么样的人才最有魅力？我认为就是能够有效地将优秀资源进行整合的人才。尤其是如果能够充分发挥中国的体制优势、机制优势，结合强有力的政策支持，有效整合智能、网联和制造，打造出有中国特色的智能化、轻量化、小型化汽车产品，我觉得，这场革命我们就一定可以大有作为。

赵福全：刚才付理事长逐一谈及自己亲身经历的三个有深刻意义的阶段，更谈到了今天他有被颠覆的感觉。可能汽车产业的很多人并不喜欢颠覆一词，但是未来任何可能都是存在的。你如果不喜欢被颠覆，那就必须提前做好应对颠覆甚至颠覆别人的准备，这就是我们所处的时代。就像十年前谁也不会想到互联网能发展到今天这样的盛况，同样现在也没有人能预测十年后的移动互联社会又会是什么样，但可以肯定的是，一定会发生翻天覆地的变化，而且移动互联将给汽车产业转型升级带来巨大的机会。

将资源进行有效组合，重塑汽车产业，这正是我们最期待的。接下来，让我们听听李庆文社长的想法。对于汽车行业的每一次浪潮，《中国汽车报》责无旁贷都进行过深度的追踪与报道，您怎样看今天的这次浪潮？

李庆文：我当了18年《中国汽车报》的社长，对这18年来汽车行业的大事小情，确实还是比较清楚的。《中国汽车报》作为一家新闻媒体，是行业的记录者、观察者，也是评论者。18年的岁月洗礼，也让我对中国汽车行业产生了深厚的感情，虽然现在离开了《中国汽车报》的岗位，但我希望自己能把过去在行业里积累的一些经验，与更多的人分享。

春节期间接到宗巍博士的通知后，我就在想，今天的这个活动应该是猴年到来之后，汽车行业第一个正规的、有规模、上档次的高端论坛，也可能是我们在座的很多位猴年参加的第一个活动。毕竟今天才是正月十七，我非常钦佩凤凰汽车、机械工业出版社以及清华大学汽车产业与技术战略研究院的同仁们的敬业精神。

刚才前面三位我的老朋友和嘉宾的发言都很有内涵。我也看到媒体方面来了不少熟悉的面孔，我很了解新闻报道最希望有素材可写，相信他们今天一定不虚此行。所以，替他们感谢主办单位在这个时候举办这个活动。我相信，这次新书发布和论坛活动一定会对行业产生重要的影响。

言归正传，回答刚才福全的问题。我认为我们今天讨论的这个浪潮实际上也是中国汽车工业面临一个深刻的战略问题，并且这一次我们有专家在认真讨论这个战略问题。很清晰地记得，十年前我曾和业界的一些专家、领导讨论过，我当时就问，中国的汽车工业究竟有没有战略？得到的反馈是基本上没有战略。而今天，清华大学引进了赵福全这样的一流学者和专家从事战略研究，还专门为他成立了汽车产业与技术战略研究院，这是整个中国汽车行业的财富。18 年前没有这样的机构，18 年后清华大学有了汽车战略研究院。我们汽车行业对于战略问题的讨论从来没有像今天这样充分过。事实上，由于中国汽车行业的快速发展和巨大进步，我们已经开始谋划对产业战略进行顶层设计了，这本身就让我对中国汽车工业更有信心。

那么，今天中国汽车工业所面临的战略问题与过去相比有哪些特征呢？我个人认为有以下几个特点：首先，我们由过去被动地讨论，变为如今积极主动地讨论中国汽车工业的战略问题。在 20 世纪结束、迈进新世纪的那段时期，是中国汽车产业面临的一个历史性转折期，其标志性的事件就是中国加入世贸组织。当时议论的焦点就是中国汽车向哪里去？中国汽车还有没有未来？行业里弥漫着一种“狼来了”的氛围。但是今天讨论产业战略问题，我们的心态明显是不同的，变被动接受为主动进取。实践证明，中国汽车工业不但能活下去，而且已经在筹划如何把握新一轮产业革命的机遇期，使自己从大变强了。这本身就是一种质的飞跃。尽管我们现在还不是汽车强国，但是我们确实在不断成长、不断进步。

其次，在讨论产业战略时，由过去那种相对封闭、自我循环的模式变为如今非常开放、观点鲜明的跨界模式。比如今天在座的就有互联网造车的代表李斌。实际上，我和李斌也认识十几年了，他做了十几年的互联网传媒，构建了自己的一套互联网营销体系，现在却要进入汽车制造领域，并且提出了新的创造性的造车思路和战略，这就是跨界。我们过去讨论汽车工业发展的时候，是没有这种声音，没有这种思路，没有这种观念的。那时候我们就是汽车工业自己讨论汽车工业，针对自己的产业链来讨论，针对自己内部的资源来讨论。但是今天我们能够听到不同的声音、思路和观点，这是中国汽车工业显著的进步。

同时，也由过去相对的开放变为如今深度的全方位的开放。以前我们围坐在一起进行讨论的只是几家整车企业，现在我们是整车企业、零部件企业、互联网企业、行业协会，还有像福全为代表的高校智库也都参与进来，大家共商汽车工业的发展问题。徐总刚才也说了，这些年一直和现代打交道，现代肯定被你研究透了，它有什么优点和缺点你肯定都看得清清楚楚。如果是其他的行业，可能就未必能了解得这么透彻，这也是以前汽车工业曾有的局限性，但今天已经完全不同了。刚才陈玉东的发言也很有意思，既要支持传统汽车，又要支持新兴汽车。博世公司的这个表态是很有深意的，作为世界最强的零部件公司，它以一种更加开放的态度来拥抱汽车产业的变革。我有最强的配套能力，我会给你最好的零部件供应，但是我不管你是谁，你是奔驰、宝马也好，丰田、现代也好，又或者是互联网造车，我都愿意与你们合作。这种开放的姿态是很难得的。但十年前绝不是这样的，十年前博世配套是挑挑拣拣的，一定会问李斌你会造车吗？现在博世不这样想了，要尊重新创的互联网造车企业，这也是一个非常鲜明的变化。

最后，我想说说这一轮战略问题研究推动力量的变化，谁在推动我们讨论产业战略？我觉得有两个力量在这里起作用。第一是科学技术的力量。十年前我们讨论汽车产业战略的时候，不是把技术放在第一位，而是把市场、把企业的生存放在第一位。今天讨论产业战略，大家不约而同都把目光聚焦在技术上，互联网技术、新能源技术、智能制造技术等，大家在战略问题上都把技术摆在了前所未有的重要位置上。第二是企业的力量，今天的汽车产业战略的核心在于推动企业的创新力量，企业的影响力与过去相比发生了根本性的变化。刚才徐和谊董事长讲了北汽集团的两个核心战略，反复强调北汽一定要在新能源汽车和智能汽车上有所突破，其实这就是企业亮出了自己的旗帜。李斌过去做互联网传媒，和我也算是同行，现在他要自己造车，用新思路造车，不像传统汽车企业那样造车，而是要整合资源，要把研发和用户体验放在核心位置，然后利用传统汽车的产业链一起来造车。由此可见，企业主导的特征非常鲜明。这就是我在思考战略问题时看到的最重要的变化，有了这些变化，中国汽车工业由大变强是可以期待的。而《洞见汽车强国梦》的核心思想也正是在这里，在于从技术的角度讨论战略，从跨界的角度讨论战略，从更加开放的角度讨论战略，从企业作为创新主体的角度讨论战略，从迎接新的产业革命到来的角度讨论战略。

总而言之，在新一轮产业革命面前，我对中国汽车工业是抱乐观态度的，汽车产业既能够被颠覆，又不能够被颠覆。能够被颠覆是指，如果你封闭、僵化、被动、保守，就一定会被颠覆；不能够被颠覆是指，如果你开放、进取、主动、创新，就像徐和谊董事长这个态度，“我要真干新能源”，就不会被颠覆。不妨爆个料，咱们中国第一家电动汽车租赁公司就是在老徐的带动下搞起来的。当时我去找他商量这件事，事先并没有进行沟通，我把我的想法一说，没想到他当时就拍板，说我们就这么办了。然后我们又一起和交管局联系、沟通，最后北京市副市长陈刚特批了300个电动汽车租赁的牌照。北京市第一批租赁的电动汽车，就是北汽提供的车辆。老徐当时还和我说，你们不用交钱，先把这件事做起来再说。现在据我所知，北京市已经有将近200家电动汽车分时租赁公司了，当然这其中也有不纯粹做电动车租赁的，但是这个行业被真正做起来了。这说明了什么？说明我们的产业在变化，更加开放、融合了，观念更加先进了，企业也更有实力了，而且有一批企业家真心支持新生事物，所以我对中国汽车工业的由大做强充满信心。汽车产业整体上是不会被颠覆的，被颠覆的只会是被市场竞争淘汰的个别企业，而未被颠覆的企业会成长壮大，最终变成世界级的汽车公司也大有可能，这就是我的看法。

赵福全：社长结合自己18年的汽车产业从业历程，谈到曾经的中国汽车产业基本没有战略，或者说也算有战略，就是为了生存。或许今天还有很多人认为我们依然没有产业战略，但是我们在热烈地讨论甚至是争议战略，这本身就说明了我们开始有战略，开始认真探索路在何方。而中国汽车工业就将在这个讨论过程中从大到强。

李庆文：福全组建这个战略研究院，我认为是非常重要的。有人认为研究战略是虚的、空的，我从一开始就不认同这种观点。战略问题是一种观念、一种思想、一种引领，能够在潜移默化中发挥意想不到的作用。今天举办的这个活动谈了这么多战略问题，我相信有心人听进去之后，就会对其决策产生影响。

赵福全：争议战略本身就是一个探索战略、寻求路在何方的过程。像徐总讲的，我就坚定地做新能源，也坚定地做智能化，因为中国目前具备互联网优势，这种商机只有中国企业最能抓到手，这就是战略判断。李社长也谈到了汽车产业整体上不会被颠覆，但是也可能出现颠覆，被颠覆的将是那些没有做好准备、不去思考战略的企业，正所谓

“没有战略就会失去方向”，路也必然越走越窄。

那么，作为业界新锐的李斌，您的战略在哪儿？蔚来汽车就像一匹黑马杀入汽车界，很多人也在问我是否看好蔚来汽车。我说我看好未来，所以说蔚来汽车这个名字起得好，一语双关。但是你们的商业模式也让很多人有所质疑，凭什么别人代工就能造出好车？您有没有担心过失败？今天这个机会也非常难得，请和大家谈一下蔚来汽车的思路和战略。

李斌：谢谢赵院长给我这个机会。先说一些题外话，2000 年创办易车的时候我就和付理事长、李社长都认识，刚才付理事长还回忆起最早我们做过的一次论坛，谈到当时参加论坛的一些领导。今天，我的身份好像是比较特殊一点，在汽车人眼中，我是从事互联网的媒体人，而在互联网人眼中，我做的又是专业的汽车网站，是汽车这边的人。但蔚来汽车的互联网基因是毋庸置疑的，除我之外还有汽车之家、京东、腾讯等的加盟，它们也都是从互联网发家的企业。这中间就反映出一些互联网企业的特点，比如说易车和汽车之家是汽车网站里最主要的竞争对手，但是我和李想可以为了共同的理想而携手合作。

关于战略问题，我们虽然想先低调一点专心做事情，但是也必须回答大家对我们的质疑与关注。今天正好借此机会与大家分享两个方面的内容。第一，从互联网的角度进入汽车行业，我们到底是怎么想的？为什么我们觉得自己有机会成功？实际上，在这个时间节点上来实践互联网造车，我确实认为我们的时机是比较成熟的，比起十几年前创办吉利、比亚迪这些民营汽车公司的企业家们，我们要幸运很多。我非常敬重这些民营企业家，它们当时面临的困难比今天大多了，简直不是一个量级的。中国汽车工业经过这十几年的发展，现在已经成为名副其实的汽车大国，这是我们创办蔚来汽车的肥沃“土壤”。虽然我们还处在从大国到强国的迈进过程中，但具备了这样一个广阔的市场基础，优势还是非常明显的。比如我们蔚来汽车在全球招人的时候，我想肯定比当年华晨说服赵院长您加盟要容易多了。我现在进行人才招聘的时候是非常自豪的，说我们中国是世界最大的汽车市场，最大的电动汽车市场，也是发展最快的电动汽车市场，更是最容易创新的市场。这么多的“最”，就是一块块的“砖”，无论什么样的“玉”，我都有底气来说服他加盟。某种意义上来讲，我们比美国的新创公司更容易吸引到优秀人才加盟。去年我一共飞了 17 趟去国外，最主要的任务就是招人。基本上只要说出我们的理念，说出我们的市场基础，大家都还是很认可的。这对于我们创办蔚来汽车，是一件很幸福的事情。

另外，中国的汽车工业经过这么多年的发展，不只是具备了市场基础，也培养了很多技术和研发人才，有的人已经参与过好几代车型的设计开发了。我觉得这个人才基础也是非常重要的。很多人好奇我家在北京，为什么把蔚来汽车中国的研发基地放在上海。理由很简单，上海有全中国最丰富、最优秀的研发人才，包括外籍的，也包括本土的。人才基础是我们这种新公司可以进入汽车市场很重要的条件。也就是说，中国发展成为汽车大国所具备的产业基础，是我们敢于创业的重要原因之一。否则如果在巴西做这件事情，能行吗？肯定不行。

但是从互联网这个角度介入又有什么优势呢？我觉得和一般的汽车公司相比，我们最大的优势就是机制和文化。很多人也问我，你不担心失败吗？我说我们搞互联网创业的人从来就不担心失败。他们又问，你创办蔚来汽车，自己投了那么多钱，觉得胜算有多少？我是 2012 年开始筹划这件事情的，到创办公司的时候，我觉得我们成功的概率也就只有 5%，但是为了这 5% 的概率，我愿意铤而走险。我一直认为创建一个新生事物，开拓一片新的市场，成功是偶然的，失败是必然的。这可能也是我们互联网企业家和一般的行业人士想法不太一样的地方。换句话说，大家可能认为互联网的人比较胆大妄为，但是我们也是经过了深思熟虑才着手创业的，我们不害怕失败，是因为我们对成功有不同的预期。

从互联网的角度介入，还有另外一个优势：我们是真正从用户的角度去思考问题的。成功的互联网公司都是在很小的细节上面能够满足用户的需求，这一点在当时可能并不觉得有什么，越往后发展越能显示出其重要性。举个例子，腾讯从当初的一个小公司成长为现在中国互联网行业的巨无霸，它的成功我认为就是源自腾讯的创始人对产品细节的追求。大家知道，腾讯是用数字而不是字母来做 QQ 号码的，这点就很重要。如果用户只有几百万，可能大都具有一定的学历，使用拼音拼出 QQ 号来会更方便；但是当用户有几亿的时候，只有数字才能让你的产品拥有更多的受众。举个例子，我父母拼音都不会，但却可以说出 QQ 号，使用 QQ 交流。这也是其他一些通信软件，比如 MSN 等后来逐渐失去竞争力的原因之一。这是一个很小的细节，但却是一家互联网公司成功的基础。简单总结一下，中国有作为汽车大国的市场基础，有技术和人才的基础，也有国家政策支持的基础，而从互联网角度来看，我们有机制和文化方面的优势，有注重用户需求的视角，这些因素组合到一起，就是我们创办蔚来汽车的动力。

刚才前面的几位领导们也都讲过，新能源汽车、电动汽车和智能汽车是大家公认的汽车产业未来的发展趋势，正是基于这样的趋势，我们经过良久的思考之后，最终决定参与进来。我们确实一直在思考怎样才能通过我们的一些创新来真正地重塑汽车产业，这也是接下来我将与大家分享的第二个方面的内容。

第二，到底如何通过互联网重塑汽车产业？首先，我认为至关重要的是重塑汽车企业和用户之间的关系。上次在电动车百人会论坛上我也讲了自己的观点，大部分汽车公司至少也有几十年的历史，这些汽车公司和用户之间的关系，都是在互联网出现之前奠定的，包括公司的组织架构、4S店的销售模式等。但实际上在这样的模式下，汽车企业并不真正掌握用户，掌握用户的其实是4S店，是保险公司，是金融机构，甚至是街边的汽修店、加油站。汽车企业将汽车卖出去之后，就不掌握什么信息了，所以4S店有一个S，就是市场信息反馈。今天来看很莫名其妙，市场反馈还需要4S店做？但在以前这就是最高效的方式。

特斯拉的出现真正给这个行业带来了一些改变，比如说它采用的直销模式、优先软件研发等，这些都是非常大的改变。这些改变比它作为一家纯粹的电动汽车生产商本身的改变要大多了。毕竟电动汽车在特斯拉之前就有了，也不是什么新鲜的东西。它真正的变化，在于和用户之间所建立的直接而紧密的关系。所以特斯拉的产品加不了价，加价就没有市场了，但它也没有什么库存问题，效率很高。

2016年已经进入移动互联网时代了。我想每个人对此都深有体会，现在我们花在移动互联网上的时间比在PC上多得多。比如说，易车给经销商提供的销售线索，有70%都是在移动端挖掘出来的。PC互联网到移动互联网的改变，这是一个由量变到质变的变化，它不只对汽车产业，更将对未来整个制造业有非常深刻的影响。因此，我认为移动互联网时代，要更加注重重塑与用户的关系，不是简简单单地搞一个形式上的参与感，而要创造用户实实在在的拥有感。我之所以敢在技术壁垒、资金壁垒如此之高的汽车行业开创一家新的公司，就是因为我知道中国现有的汽车企业过渡到真正以用户为核心的企业是非常艰难的。只有很少的公司才能过渡到这一步，这就和诺基亚成为不了苹果是一个道理。另外，逻辑思维上也要进行一个巨大的转变，以前大家的焦点都集中在卖车上，今后我觉得大家的工作重点要转变到如何服务你的用户，抓住你的用户，实现定制化生产上。

其次，要重塑用户体验，将电动汽车和移动互联网完美组合到一起，重新定义汽车的用户体验。以前我们一说汽车的用户体验，基本上讲的都是SSI（销售满意度研究）和CSI（售后服务满意度研究），而在我看来，CSI基本上没有什么意义。当然，汽车毕竟不同于手机，动辄要花费用户十几万、几十万元的金钱，如何才能让用户拥有更贴心、更完美、更多元化的用户体验是我们一直在思索的问题。就像苹果手机，它将软件、硬件、服务进行了一体化的变革，从而重新定义了手机的用户体验，也重新改变了手机行业，并获得了巨大的成功。汽车有没有这样的机会？我们能否重新定义汽车的用户体验？我认为电动汽车加上移动互联网就能够重塑汽车的用户体验。从我们的认识来看，车和服务连接，我们称之为数字接触点，包括智能，包括网联，包括车主的APP，还有作为车主能够得到什么。我认为从以上四个方面思考，对于汽车用户体验的重塑是有非常大的机会的。像滴滴、Uber这样把车还原成为简单交通工具的模式，还是存在问题的。你必须先清楚回答为什么未来人还需要拥有一辆车，否则汽车行业还有未来吗？因此，我认为我们作为一个新的汽车品牌，理应为用户创造、让用户拥有乐趣，在用户体验方面不能把车简单当成交通工具，要有几倍优于现有汽车品牌的体验，你才有可能真正改变这个行业。而之所以选择“电动汽车+移动互联网”的模式，一是因为移动互联网这些年来对于改变人类生活方式的巨大影响毋庸置疑，二是电动汽车也带来了机遇和挑战。机遇是什么？可以重新塑造产业价值链，重新定义汽车社会，但是面临的挑战也将是非常艰巨的。比如一个最基本的问题是，你怎样才能让用户觉得通过充电获取能量的体验比加油好呢？特斯拉的用户体验我们总结过，在美国每家都有充电桩，一个月在能量获取上面只需要花10分钟，而燃油车需要花60分钟，两相对比，特斯拉的优势是非常明显的，这也是特斯拉能够打开美国市场的原因之一。但是在中国依赖于现有的充电设施，基本上不可能达到美国这种状态。若不解决这样的用户体验问题，重塑就不可能实现。

最后，重塑整个汽车产业链和生态价值链。以往中国汽车企业的重点投入都在产品制造上面，在市场上更多的是竞争关系。比如有很多中国品牌，还没多少销量，就开始建设更多的基地，通过扩大产能来增强自己的竞争力。我认为这样做肯定是没有重塑的机会的。我们互联网人最看重的是研究用户的体验，然后携手与合作伙伴一起制造高品质的汽车就可以了。我想这是我们与传统的汽车制造业不一样的地方，我们和现有的汽车企业之间，更多的是一个融合协作的关系，谈不上什么竞争关系，大家都做自己最擅长的事情，然后进行合作，做出的车质量可靠，能够满足目标用户的需求，获得用户认可，用户体验比现有汽车品牌好，最终实现共赢的目标。以上就是我们的一些战略思考，谢谢。

赵福全：李总和大家分享了很多深层次的内容，从为什么要创办这家公司到如何从互联网的角度重塑汽车产业，一一回应了大家的质疑与关注。他也抱着感恩的心态，提到了如果没有过去十年、二十年中国汽车工业的发展，没有奠定这个基础，那么他今天的互联网造车，无论是从人才的招聘、资金的募集，还是从供应商体系的构建方面，都是没办法做起来的。当然，他也认为传统的汽车产业面临着新的挑战和机遇，新一轮科技革命将带来消费者对汽车产品的不同需求。

下一个问题，大家都说博世的合作机制是很开放的，无论哪里有市场，哪里有机会，它们总是能抢占先机，这次看来也不例外。玉东，您说自己很认同李斌他们的互联网造车，尤其还提到凤凰汽车《赵福全研究院》栏目就应该采访李斌这样的汽车界新兴力量，但您也听到了，李斌刚才说他们只有 5% 的成功概率。对此，您怎么看？

李斌：补充一下，我们现在的成功概率已经提升了，50% 以上。

陈玉东：对，我也认为他们有 50% 以上的成功概率。我比较认同他刚才讲的以客户需求为导向，为用户创造价值、提供服务，这一点也是我们传统的汽车工业，以及所有传统的制造工业需要学习的地方。我们非常认同蔚来汽车的价值观，只要愿意合作，博世很乐意提供技术、产品和服务。另外，我们和蔚来汽车离得也比较近，都在上海建立了“据点”，相信我们会有越来越多的深入交流。昨天我们就有一个十几名工程师组成的团队在他们那里，竞争是很激烈的，很多人想给他们提供技术、产品或服务。

赵福全：北汽也是博世的合作伙伴，我相信这么多年，你们肯定没少挣人家的钱。一边是传统的汽车企业，另一边是新兴的互联网造车，您觉得这两类企业有哪些不同？您更看好哪一类企业呢？

陈玉东：在徐和谊董事长的领导下，北汽所取得的成绩是有目共睹的，我们和北汽一直以来都有非常多的合作，工程研发团队也好，商务团队也好，可以说我们已经建立了牢不可破的紧密关系。但面对互联网造车，抵触、排斥也不是我们的作风，博世愿意接纳、包容所有的新兴力量，创造有价值的合作伙伴关系。而且，说不定李斌哪一天也会去找徐总做代工，不是不可能的。我在博世的这些年做得最多的工作还是客户关系，希望我们的团队能够像互联网企业那样，以客户需求为导向，为客户提供令他们满意的产品和服务。但我们的客户大多数是传统的汽车企业，我们自己很少能接触到一线的用户，这也是我们一直想突破并且一直在不断努力的地方。目前，博世每年的研发投入还是非常多的，研发占比将近 10%。所有的研发都是面向我们整车厂客户的需求。比如说自动驾驶技术，我们博世应该是第一家集成做出了自动驾驶样车来做实验的零部件企业，2012 年和 2013 年都在做路试。这以后，各个竞争对手才陆续开始发力做自动驾驶。我们为什么要这样做呢？就是希望能够从用户的角度来开发这个系统，给整车厂客户一套全新的解决方案。所以，只要我们认为能够为客户提供有价值的产品和服务，不论是传统企业还是新兴企业，我们都愿意与它们深入合作。博世之前主要是以技术来驱动市场，为此我也听到过一些抱怨。现在，我们愿意以包容的心态来迎接改变，为我们的客户创造更多的价值。

赵福全：刚才李斌从用户体验的角度谈到了他的战略，玉东也强调了博世将更关注客户的感受，一改博世之前技术独大的形象。那么，徐进徐总，您既是消费者，同时又是新媒体的领军人，这一轮谈话听下来，您认为以徐和谊徐总为代表的传统汽车企业所提供的产品，究竟还有哪些用户体验没有考虑到？而以李总为代表的互联网造车这股新兴力量，到底能否真正超越传统汽车企业，做得更好？这是非常重要的问题，请谈一下您的看法。

徐进：我还是结合上一个问题：怎样看当今中国汽车产业的变化，来一起回答一下您的这个问题。实际上，我也是出差今天中午刚刚回来，昨天晚上见了应该是国内最领先的家电企业的领导。聊的话题只是改了两个字：你怎样看当今中国的家电产业？因此，我认为新一轮科技革命的到来不仅带来了汽车产业的改变，快消、家电以及中国整个制造业都在发生改变。

回想我们昨天探讨的内容，结合刚才几位领导的发言，我特别有感触。第一，很多时候很多企业并没有搞明白“互联网 +”和“ + 互联网”的含义，一些传统企业主要是利用互联网作为手段，来提升在产品研发、生产、销售、营销、传播各个环节的效率。但是，其产业本质并没有改变，还是一个“+互联网”的结构。那么“互联网+”最根本的特征又是什么？我在进入凤凰之前曾担任国际4A公司中国区的CEO，和十几家汽车公司都有过合作，包括奥迪、通用、福特等，也了解到它们的一些想法。根据这几年我一直在做的研究和思考，我认为，“互联网+”最根本的特征在于重构，重构产品与人、人与人、人与信息、人与社会之间的关系。正因如此，才有了小米想造家电、乐视想造车等跨界行为的出现，也包括李总他们创办的蔚来汽车。实际上他不是要做汽车，而是要建立一种新的关系形态。因此我认为，未来社会我们不仅仅要关注自己产品的研发、技术工艺的进步，更应关注人本身关系的变化。这也是我们最近一直在研究的内容，我们做了很多建设新型关系的尝试，也一直在推广新的营销方式，以迎合“互联网+产品”带来的整个变化。

第二，关于传统汽车企业所提供的产品还有哪些用户体验没有考虑到，没有满足用户的需求，我们不妨转换一下思维来考虑这个问题。当前，中国已经快速成为生产和消费大国，下一步就是要实现强国梦，但是如何实现强国目标？赵院长的汽车强国论，引发广大业内外人士对汽车产业的高度关注。其中也提到，汽车急剧增加所带来的环境、能源、安全等问题是不容忽视的。在这样的前提下，汽车已不再是当初简单的代步工具了，人们对于车的需求已经发生了改变。在这个变化过程中，到底是车企自身先寻求突破与改变来适应社会的变革，还是以人类的需求和渴望来倒逼推动汽车产业的变化？我个人认为后者的可能性更大一些。中国汽车工业经过这十几年的发展，我们的思想不能还停留在卖了多少车的层面上，而要着眼于这些车卖出去之后给人类的生活究竟带来了哪些改变？我认为不仅是物质上提供的便利，还应满足人类情感、生活、体验和服务等方面的需求。小米、乐视进行跨界，其自身的硬件设施只是入口，最根本的还是卖服务，汽车可能也是这样。未来社会将以人的生态圈为核心，构建起相应的社区经济或共享经济圈，而汽车就是可能实现这一目标的载体。

第三，先说一些题外话，我原来在4A公司主要从事战略、品牌、营销方面的工作，所以每年出国的机会也很多，工作之余我比较喜欢研究这些国外城市的旅游文化，也研究过它们的汽车文化，我发现这些旅游城市之所以能够成为旅游景点，多半都是具有自己鲜明的城市文化特征。纵观中国汽车工业这么多年的发展历程，不论是研发、工艺还是生产、动力总成，我们都有显著的提升，但是有一样没有提升，那就是并没有构建起自己的汽车文化，中国的汽车软实力与汽车强国相比尚存在很大的差距。我们的汽车文化基本上停留在外资及合资品牌所宣传的内容上，而自主品牌还处在求生存、谋发展的阶段，更谈不上构建起全民认可的中国汽车文化。因此，本土汽车企业如何通过构建自己的汽车文化来与当下流行的文化、趋势、时尚接轨，是下一个阶段我们需要认认真真思考的问题。而构建起自主品牌的汽车文化，打造我们的软实力，也是实施汽车强国战略的一个重要方面。虽然硬件方面固然是汽车强国战略的核心因素，但软件方面也是不可或缺的。我认为，接下来自主品牌发展的最根本出发点还是要让下一代年轻人喜欢用我们的车，接受我们的汽车文化。以上就是我想和大家分享的内容，谢谢。

赵福全：也就是说消费者有需求，不仅仅是对现有汽车品质的改善，还有对于科技、体验以及文化的需求，这需要我们改变以往的思维方式，需要更多的人参与到这场变革中来，不仅要重塑汽车产业，还要重构汽车文化。

非常好，刚才这一轮交流下来，大家从不同的角度谈了很多有价值的观点。下面我们就一些有针对性的话题，请大家各抒己见。

先请问徐和谊董事长，刚才大家谈到重塑、重构、跨界、开放等话题，我认为北汽这些年在这些方面做得非常好，刚才您也谈到和乐视的合作，在加州也在筹划很大的项目。据我了解，您一开始并不是做汽车的，但现在成了汽车专家。那么，结合您这么多年的从业历程，您觉得和这些互联网伙伴合作的过程中，有哪些方面北汽需要取长补短？比如在和乐视合作的过程中，你们的核心诉求是什么？未来如果重新定义新一代汽车，到底要依靠什么样的品牌才能支撑？李斌要是来找您的话，你们之间又将以一种什么样的方式进行合作？

李斌：补充一下，易车和北汽的合作还是非常多的，而且是战略性的。

徐和谊：这个问题不好回答，我仅发表一些个人的看法，供大家参考。我认为汽车作为这么大的一个产业，要想做到世界水平，或者在某些方面能够起到引领作用，是非常困难的。作为一家汽车企业，北汽不可能什么都亲力亲为，什么都完全依靠自己的力量，这是不现实的。所以，我在北汽内部始终强调要有集成创新、开放合作的精神。并不是说乐视，或者蔚来汽车，它们要干的事情我们都跟着干，即使我干，也不见得比它们干得好。合作也不失为一种更好的共赢方式，按照您的话来说，就是各取所需，共同成长进步。

说到品牌，我记得好多年前在东三环的一个饭店，汽车工业协会举办过一个论坛，当时我就讲了中国企业的品牌问题。在中国，像同仁堂这样的百年老店真的是屈指可数，就是数十年的品牌也都不多。新中国成立以后到现在，基本上十来年一拨就过去了。原因是什么？我认为这与中国企业的管理体制是密切相关的。很多品牌的树立、传承和这个企业的主要领导人存在着深刻联系，一旦领导人转岗或者调职，继任领导人未必会传承原领导人的管理理念，企业管理方式改变，就有可能造成品牌塑造的断层。为什么这些年把国企改革摆在了这么重要的位置上？这其中涉及太多深层次的问题，品牌问题也是其中很重要的原因之一。所以，乐视也好，蔚来汽车也好，它们能做的事我做不了。虽然我不相信，但是我必须得承认现在我确实做不了，所以我选择与它们一起合作。此前，北汽和美国 Atieva 公司的合作就是我主导的，但今天我为什么又从 Atieva 退出来了，个中缘由真是一言难尽。总而言之，我觉得大家合作就是要优势互补，强强联合，先形成这样的一个格局。至于说这种组合未来创造什么样的品牌去支撑，现在还没涉及这么深的层面。

对于北汽来说，一定是以开放的合作精神来应对外界的变革。我还提过，北汽愿意第一个给互联网造车企业做代工。前一段时间还在热议我们会不会沦为这些互联网企业的代工者？我认为代工实际上也没有什么不好，我们现在就在做这件事。北汽最近刚和麦格纳签订了协议，成立了中国第一家致力于轻量化的整车合资企业，全铝车身，全铝骨架，真正实现轻量化的纯制造的合资企业。为什么要搭建这个平台？就是要做代工，发挥各自的优势。这种事互联网企业是绝对不会做的，它们是轻资产，玩两头。我也是玩两头，但是我中间的优势也大，各自的优势都发挥出来，进行有效融合，最终就能实现共赢。

赵福全：谢谢徐和谊老总，借着徐总这个话题，我想请教一下李总，实际上大家可能也和我有同样的疑问，无论什么样的用户体验最终都要落实到实实在在的产品上，互联网造车也不例外。那么，你们真如刚才徐和谊老总所说的那样“轻资产，玩两头”，利用代工模式来进行互联网造车，又怎样保证汽车产品本身的优质呢？想必大家都有一个共识，汽车和手机的功能属性是完全不同的，简单照搬手机代工的模式，恐怕是有问题的。李总创办易车也有十几年了，我相信您对汽车产业的认识也是深刻的，代工有很多因素是自己控制不了的，您要如何解决呢？大家都知道消费者如果花15万元以上买汽车，基本上都是冲着品牌去的，电动车甚至更贵。如果你们打造出蔚来汽车的品牌后，真正的汽车生产还是由传统汽车企业来代工完成的，那么，要怎样来平衡这两者之间的关系，如何保证代工能够满足你们互联网造车的需求，同时又保持自己的品牌定位不受代工方的影响，最终成功经营企业呢？

李斌：我想从两个方面来回答一下赵院长这个问题，也顺便澄清一些概念。其一，我们蔚来汽车并不是联合几家汽车企业来进行简单的代工生产，我们与合作伙伴之间是制造合作的关系。制造合作和代工是有本质区别的，汽车产业链条长，涉及环节多，从生产工艺到整个质量的管控，过程复杂而又烦琐。所以肯定不能像苹果、小米那样简单地让富士康代工。

从制造合作伙伴的角度去看，我们在与合作伙伴合作之初就已经做了全方位的思考。我们从生产线的设计、生产工艺，也包括质量的控制，都会全程地参与进来，而且我们都是找全世界最优秀的人才来负责这件事情。为什么我们觉得还是应该找制造合作伙伴一起来做呢？主要是从经济理性的角度去考虑，大家都可以共享这个产能，共同获利，当然也可以分摊风险与成本。另外，还有现实的考虑，优质的生产线和技术娴熟的工人对于汽车生产来说是非常重要的。很难想象我们能在短期内找到合适的管理人员、培训出熟练的工人，因此，我们选择找制造合作伙伴也恰恰证明了我们非常尊重汽车行业的基本规律。

其二，也是很重要的一点。刚才您讲的品牌问题也是我们非常关注的。对于像我们这样刚创立的企业来说，最重视的就是初始品牌的塑造，我们的产品定位是比较高端的车，前期的研发与宣传，都已经做了很大的投入，我们当然不希望在用户感知方面，和现在市面上能够看到的、合作伙伴旗下的10万元的车相提并论，我们希望从一开始就能塑造起我们自己的品牌。但是我们国家的产业政策，现在还是以制造厂来管理生产资质，这就给我们这种合作模式的新创企业带来了很多不必要的困扰。我们最关心的就是品牌，品牌是一切的基础，是用户能够感知你的产品的很重要的外在形象。我们迫切希望，如果我们能够达到国家对于汽车研发方面的要求，又有成熟的汽车制造厂与我们共同合作制造，国家理应授予符合我们自身品牌定位的相应资质，这个诉求既符合经济理性，又符合现在中央关于去产能、去库存的整体战略部署。为此，我们也在积极地与国家相关主管部门进行交流，希望国家能够更多地支持我们这样的创新型企业的发展。

赵福全：这个问题请付理事长谈谈，我们现有的汽车去产能问题确实也令人担忧，如果再去筹建新的产能，无疑将使挑战更为加剧。但李总他们这样的新创企业又确实需要资质，如果没有资质就变成用别人的品牌，最终等于未能创建中国自己的新创自主品牌。在中国建设汽车强国的道路上，如果说互联网造车这类新兴企业是生力军，北汽这类传统汽车企业是主力军，那么任何一方的力量都不应舍弃。从这个角度来看，您觉得站在国家的层面应该如何来解决李总面临的这个问题呢？

付于武：中国汽车产业太需要创新了，创新的前提是国家能够给创新的企业和企业家创造一个空前宽松的创新环境。从这个意义上讲，政府的改革重点就是要释放创新活力，提高生产力。这个问题去年在国务院发展研究中心我们也进行过一个小范围的讨论，时任国务院发展研究中心常务副主任的刘世锦讲了一句话：每家企业申请汽车生产资质的历史，都是一部辛酸的血泪史。

我个人认为政府在推行汽车产业改革方面依然对汽车资质和产品认证不放开的话，中国汽车产业由大变强没有希望，政府在这方面是责无旁贷的。去年中国汽车工业协会副秘书长李万里牵头做了一个研究报告，主要是调查了国家对汽车产业实施监管的部门众多、责任不清的现状，有16个部门管理汽车——“多龙戏水”就等于没有水喝。万里和我说这个研究成果想申报行业科学技术二等奖，我当即表示支持。后来我们终评专家组的组长专门过来与我沟通说：“付总，我很严肃地和您讨论一件事，这个报告如果获奖了，对中国汽车工程学会以及您本人会不会有什么不利的影响？”我本人在此对这位组长的关心表示感谢，但是我想说的是，如果作为一个行业机构，一个中立性的社会组织，因为害怕触及政府多方利益，连一个评奖活动都要瞻前顾后，试问政府改革还能顺利推行吗？所以我觉得无论是乐视造车还是蔚来造车，政府都应该放行，而且已经是势在必行了！

还有一个例子，一次和中编办、发改委和工信部的一些同志在一起讨论，我就说十八大召开已经三年了，在汽车产业问题上没有看到太多实质性的行动。不过，已有好的苗头展露，比如最近万向造新能源汽车获批了。当时他们问我，付老您有什么看法。我说这件事还要讨论吗？万向申请资质这么多年了，还用我们专家讨论吗？我们这些专家都没有意见。所以我认为，我们“官产学研用”应加强联合，再借助媒体的力量一起推动政府的改革，这就是我的看法。

赵福全：总理提出“大众创业、万众创新”，核心就是要破除一切束缚发展的体制机制障碍，推动国人的创业与创新。实际上，像乐视、蔚来汽车等这种跨界行为，也是在响应国家的号召，实实在在地参与创新、寻求突破，国家如果不为其创造适宜的条件，我认为创新就会失去赖以生存的土壤。资质问题又涉及一个最核心的问题：品牌到底怎么办？李总肯定是想创造自己的汽车品牌，因为品牌是企业文化的象征和传承，但又和资质直接联系在一起。关于品牌的话题，李社长也曾经多次撰文阐述，请李社长谈一下您的看法。

李庆文：中国汽车产业最大的痛就是缺少品牌，最大的缺失也是缺少品牌，特别是乘用车。目前中国乘用车品牌还是以合资公司的品牌为主导，而合资公司的汽车品牌基本上以跨国公司的品牌为主导。一直以来，这也是中国汽车工业备受社会各界批评、指责、诟病的最核心问题之一。对汽车略知一二的人都能分得出路上跑的大多是合资品牌，不是咱们中国自己的自主品牌。传媒界甚至还对中国汽车市场做了品牌划分：日系、德系、美系、韩系和自主等，而自主品牌在这其中是比较微弱的，处于非常尴尬的境地。去年中国自主品牌的市场份额有所提升，主要是SUV热销的原因。

那么，在SUV火爆热销和为中国品牌占领阵地的过程当中，谁是领导者？谁又是骨干企业？显然大家都知道，长城汽车是中国自主品牌SUV市场的领导者，是骨干企业。问题在于，为什么是长城汽车从过去名不见经传的一家民营企业，最终成为中国SUV市场的领导者？而那些拥有资本、技术、人才、管理优势的国有大型汽车企业却没有成为领导者，这不得不令人深思。

刚才徐和谊董事长也讲到品牌非常重要，还举了同仁堂的例子，同仁堂的品牌为什么能传承百年？品牌之所以能够成为品牌，其关键就在于传承，这需要我们一代又一代人用工匠精神去捍卫、去保护。中国的汽车战略，我认为最重要的就是要让现有的品牌结构发生变化。那么，如何打破中国汽车市场现有的品牌结构？从长城汽车占领SUV市场、确立自己的品牌这件事中，或许我们能够获得一些启发，中国的汽车市场确实需要再进入一些新型的、具有狼性文化的创新企业来博弈。

我们需要不怕失败、勇于创新、积极变革的狼性文化。猫性文化不行，总是守在家里，成不了大事。有了这些新兴力量的加入，中国汽车市场的资本结构势必会产生相应的变化，而资本结构的改变又会拉动技术结构的变化，最终引发品牌结构的变化。因此，我坚信在“十三五”期间，中国汽车市场的品牌结构一定会发生变化。谢谢。

赵福全：谢谢李社长。最后一个问题，在中国汽车产业未来重塑的过程中，解决基本的代步需求，已经远远不是80后、90后甚至00后对汽车的追求了。徐进徐总刚才也谈到了中国汽车产业缺乏软实力的构建，但是要让中国人一谈到车就有一种疯狂、有一种爱、有一种情感，我认为可能还需要一个漫长的过程。如果说文化本身就是未来支撑汽车强国梦最核心的要素之一，那么，您觉得在中国汽车文化的培育过程中，媒体应该做哪些工作呢？

徐进：我可以很骄傲地说，凤凰是有自己的文化的。凤凰卫视走过了20年，凤凰汽车走过了10年，凤凰人以他们非常独特的视角深度报道新闻热点，或者说提供一些差异化的稀缺资讯，带给全球华人与众不同的视听盛宴，我身为凤凰人对此非常自豪。春节的时候，还听到我们当地的领导说我只看凤凰汽车。这就是凤凰文化的魅力，也是我们品牌的骄傲。

言归正传，我觉得中国的汽车文化现在最缺乏的是与流行文化的结合。我现在看汽车广告越看越觉得没意思。也许是因为我做了十几年的缘故，这些广告没有让我有产生购买冲动的感觉，因为它讲的内容我基本上都明白，它只是在描述自己，而没有描述我，这是最核心的问题。没有转换思维，又何谈“互联网+汽车”的变革呢？当然，互联网和汽车所处的立场不同，对于陈总来说，倒不失为好生意。

陈玉东：确实，博世现在对互联网是深深热爱和积极拥抱的。不论是人员配备，还是软件开发，我们现在的投入都非常多。博世现任CEO就是做汽车电子出身的，他在将近十年前就要求我们所有的产品都要有自己的IP，因此，“互联网+”也好，“+互联网”也好，我们就是希望可以通过互联网来改变未来的产业形态。当然，我们也有自己的重点，就是以智能化、互联化和电气化的“三化”为目标，沿着这个方向积极推广新一轮的产品。总而言之，博世将顺势而为，适应社会发展趋势，创造更多价值，也希望我们的合作伙伴能看到博世的价值，最终实现共赢。博世品牌已经 130 年了，希望我们与新老车企能够共同携手，再创一个 130 年。谢谢。

徐进：文化的构建在很多时候需要勇敢的企业和勇敢的企业家去做勇敢的尝试。我今天听完大家的发言，心情也非常激动。徐和谊徐总，立足于传统产业的变革，积极推进北汽新能源与“互联网 + 汽车”的发展；李斌李总，骨子里流淌的就是互联网人不畏艰难、勇于创新的血液，他正领导着蔚来汽车尝试革命性的探索。所以我认为，我们不妨以不同的人为中心，尝试更多的创新与变革，也许这本身就是汽车文化中很重要的一种，未来还可以从国内走向国际。

当然，这其中肯定会遇到付老所说的政策或者说行业的禁锢，但是，我认为“互联网 +”本身就是更加开放和更加共享。互联网已经把汽车产业这扇门打开了，现在是有一些人能不能冲出去的问题。我个人喜欢创新，也欣赏不安于现状、勇于创新的人，这就是我的想法。

赵福全：通过今天的交流，大家都感触很深，发表了很多真知灼见。汽车产业不缺论坛，但能像今天这种层次、这样敞开心扉的交流我想可能也并不多。我们看到了带领着北汽以更加开放、包容的心态迎接变革的徐和谊徐总；不怕失败、勇于创新的跨界新锐李斌李总；锐意进取、追求卓越，以为客户提供优质产品、创造更大价值为己任的博世陈玉东陈总；涉及领域广泛，如今是传媒领域领军人的徐进徐总；更看到了对汽车产业有执着的追求、充满深切情怀的付于武理事长和李庆文社长。

今天的时代变革究竟谁主沉浮？看到差距，谈到变革，徐和谊徐总热泪盈眶；李斌李总说我需要一个资质，我要创立自己的品牌；付理事长说中国汽车产业的诸多问题不加快解决就是阻碍深化改革……中国汽车产业承载了太多人的梦想，国家也已经认识到汽车产业的重要性，在众多汽车人的努力与呼吁下，汽车产业终于写进了“中国制造 2025”。

纳入“中国制造 2025”重点领域，就意味着未来 30 年汽车产业承载着中国制造业转型升级的重任，汽车产业是载体，是龙头，也是抓手，更是未来充满了机遇与挑战的战略产业。汽车强国梦需要我们大家的共同努力，也需要不断有新力量的涌入。或许十年之后，又会有人说，李斌，你的狼性不够，到那个时候，相信小李斌就会站出来说，我有更强的狼性，我来接着创新。是的，科技的创新与产业的进步是无止境的，未来社会将进入万物相连的时代，这个时代不单要靠技术的创新来支撑，更需要的是战略的创新、理念的创新、文化的创新！

最后，感谢各位参与今天的《赵福全研究院》特别节目，也就是“《洞见汽车强国梦》新书发布会暨重塑汽车产业巅峰对话”活动！感谢凤凰汽车搭建的平台，让我们这些老友相聚一堂，共叙中国汽车产业的发展！更感谢各位专家的真知灼见！希望大家在新的一年里身体健康、万事如意！谢谢大家。

第二部分

论道车界

一、国家战略

01 历史回顾

汽车产业在争论中攻克难关

中国汽车产业经历了从小到大的发展历程，这其中有风风雨雨，也有喜怒哀乐。

在 20 世纪结束之前、即将迈进新世纪的那几年，正是中国汽车业面临转折的一个历史性时期，其标志性事件就是中国加入了世贸组织。当时议论的焦点就是中国汽车业还有没有未来，到底能不能在没有贸易壁垒、国外车企可以自由竞争的情况下继续生存下去。围绕着中国汽车业未来的命运和前途，当时曾有过一场广泛而热烈的讨论，大家普遍感到忧虑。但是历史却带给我们一个意外的惊喜，加入世贸组织之后，中国汽车市场呈现出井喷式增长，而且从 2000 年开始一直涨到 2004 年。中国老百姓压抑了多年的汽车消费需求，被加入世贸组织这样一把烈火迅速点燃了起来。

2004 年之后，增速有一个较大幅度的回落，这实际上是中国汽车产业在迈入新世纪后进行了一次调整。当时讨论的焦点是：中国汽车明明蕴含着巨大的潜在消费需求，为什么不能变成现实的市场增长？影响潜在需求变成现实需求的因素到底是什么？得出的结论是我们的一些消费政策抑制了汽车消费，那个时候很多政策是不鼓励汽车消费的，社会氛围总体上也不利于汽车消费。但是中国汽车市场潜在的消费需求实际上已经被唤醒了，因此很快就从2004年的低谷爬了出来。

这段时期，在汽车技术方面发生了一件大事，就是燃油系统的升级，由化油器系统变成了电喷系统，这直接导致当时一批化油器企业倒闭了，也引发一批整车厂在生产、销售中遭受到巨大挑战。为此，当时也产生了很多的争论。这个过程对于中国汽车产业来说，是经历了一场阵痛，但是最终我们顺利过关了，赢来了新的生机。

在这个阶段中国汽车产业还有一件大事，就是出台了第二版的产业政策。2004年的产业政策是标志性的，虽然今天对其的批评意见可能比较多，但在当时的历史条件下，这版产业政策对推动中国汽车的发展确实起到了非常重要的作用。

实际上，今天的争论就是过去的争论，现在的难题也是历史的难题。汽车产业要发展就不可能不遇到难题，有难题就一定会有争论，有争论才会逐渐有共识。当前，中国汽车产业又到了一个新的关键时期，大家讨论的是中国汽车产业如何应对全新变局、做出新的战略选择的问题。

产业转型升级是历史性的机遇

近20多年来带来巨大触动的技术变革可以归纳为三个阶段。

第一个阶段是1993年美国的PNGV计划，这是由时任总统克林顿主导的，终极目标是提高燃烧效率——百公里耗油3升。到1999年，大众推出了第一款百公里耗油低于3升的车型路波，百公里3升的目标在20世纪真的实现了。

第二个阶段是2005年左右，在捷克布拉格召开国际汽车工程师学会联合会（FISITA）大会，当时理事会37个国家的代表投票进行表决：未来世界汽车新技术的方向是什么？投票的结果是新能源汽车得到绝大多数票。中国自“十五”规划开始，也一直持续不断地推出支持新能源汽车的一系列政策，尽管汽车界看法也不完全统一，但在全球范围内看还是找准了公认的方向。

第三个阶段就是最近几年互联网的崛起。进入移动互联网时代，互联网造车和智能化汽车冲击着我们传统的汽车产业，这是一个时代的趋势和潮流，我们不能排斥，更不能拒绝，汽车产业一定要拥抱这些改变。

在这个变革的时代，中国有很大的机会！如果说在PNGV计划的时代，我们是在远远地观望；在发展新能源汽车方面，我们的进步速度与预期效果也还有些差距；那么，在今天的智能网联汽车时代，我们适逢其时，极有可能改变历史。

目前像国外一些大品牌，在智能技术方面也远未达到尽善尽美。所以在这一轮的技术革命中，中国确实大有可为。未来我们需要能够有效地整合优秀资源的人才。如果能够充分发挥中国的体制优势和机制优势，结合强有力的政策支持，有效整合智能、网联、新能源和制造，打造出具有中国特色的智能化、电动化、轻量化、小型化的汽车产品作为中国的国民车，那么这场革命中国就一定可以大有作为。

院长心声 中国汽车产业这些年一路走来，从来没有缺少过争议，也没有缺少过纠结。而在争议和纠结中，唯一正确的做法就是要积极探索、勇于实践、敢于创新。同时，无论是国家产业政策的决策者还是我们的企业家，都要高度重视科学、重视技术、重视知识，要在自主创新上下足功夫。

02 产业地位

汽车产业的重要地位毋庸置疑

汽车产业对于一个像中国这样的大国来讲，其重要作用是毋庸置疑的。无论是从汽车产业的体量，还是从其对经济、社会发展的促进作用来讲，都不是其他产业能够替代的，这是由汽车产业本身的规模和关联性所决定的。

作为一个大国，一定要有自主的产业，要有自主的农业，当然也要有自主的制造业。我们的生存不能完全依赖进口的粮食；同样，我们的制造业，也不能完全依赖别人，我们必须要有自主的产品。从这个层面来讲，我们既要确保自己的产业够大，又要够强，这符合国家的长远利益，也符合人民大众的根本利益。

在整个社会商品的零售总额当中，汽车销售额高的时候占到13%以上，这两年比例有一点点下降，但是也在11%～12%之间。汽车税收占国家税收的12%～13%之间，给国家财政提供了很大的支持，而国家财政是所有的公共设施、社保、教育、卫生、医疗及长远发展的重要保障。汽车产业还为全国提供了大量的就业岗位，根据不完全统计，总体上有两三千万以上的数量。

从这几个简单的数字就可以看出，汽车对于国计民生的重要作用是不可替代的。如果没有汽车产业，我们会面临很大的经济问题和社会问题。在中国发展的过程中，如果汽车产业发生问题，我们将没有办法承受它带来的影响。

此外，汽车与其他产业的相关度也是最高的。汽车对于创新，对于各种新技术的应用，对于与新产业的相互融合及相互促进，还有产业链整体的发展，甚至对于国际资本、技术、产业的各种合作，都是不可或缺的。还有汽车产业链的长度与拉动作用，对资本以及商业模式的影响，对生活方式的影响等，都是其他产业所无法比拟的。因此，汽车是多维度的、有立体影响力的产业，不仅是有长度、宽度，还有厚度、深度。

处于“中国制造 2025”的核心地位

汽车工业是国民经济的支柱性产业：对 GDP 的增长有巨大的促进作用，带动了相关产业的发展，拉动了居民消费，方便了百姓出行等。从国际范围来看，在欧美和日本等发达国家，汽车工业已经发展这么多年了，但是汽车的支柱性产业地位仍旧不变，这就是最好的例证。当前有些人之所以比较忽视汽车工业的支柱地位，一个重要原因在于互联网等高新技术的快速崛起，但实际上汽车工业也是一个常做常新的产业，其自我更新、自我进步的速度非常快。在今天，汽车产品已经远远脱离了单一的交通功能，它已经成为一个为人类提供办公、娱乐等个性化交通服务的平台。

“中国制造 2025”指向一个目标，即把中国由工业大国转向工业强国，但如何实现这个目标，需要一个抓手，需要有一个核心带动的产业，这就是汽车工业。从德国的工业 4.0 来看，对于这一轮生产方式的转变，德国人也是选择在汽车工业上最早应用。汽车工业强则制造业强，这是已经被全球工业化进程所证明了的规律。因此，中国由汽车大国转变成为汽车强国，从而推进工业的整体发展和提升，将具有战略意义。

"中国制造2025"之所以要以汽车工业作为抓手，应从两个方面来看。第一，从汽车产品本身来看，其原材料、工艺和关键零部件水平的提升直接关系到其他各个行业水平的提高，基本上，"中国制造2025"中提到的多数行业都和汽车有关联。第二，从制造业整体需求上看，中国成为工业强国有一个很重要的因素，就是提升整体的工业装备水平，而所有的高端装备可以说都要应用在汽车上。如果没有汽车的拉动，没有汽车工业作为载体，就都会落空。但比较遗憾的是，近年来我国汽车工业的发展并没有带动装备工业的发展，我们很多汽车厂的主力装备全是进口的。这说明我们的装备工业与先进发达国家相比还差得很远，也说明我们努力和进步的空间很大。未来，我国必须以汽车作为载体来拉动装备制造业的发展。国内装备工业要尽快为汽车工业提供更好的、能够为汽车企业所接受的装备。

院长心声

汽车不能简简单单地被看成是一种产品，它是一个产业，更在背后带动着很多其他产业。这一点和手机、电视是不同的，手机、电视作为产品能带来一定的销售额，但是对于上游的原材料、下游的服务业的拉动作用远不如汽车。

汽车强国和制造强国是息息相关的，纵览全球，汽车强国无一不是制造强国，反过来制造强国基本上也都是汽车强国。正因如此，德国工业4.0就把汽车作为示范工程项目，宝马、博世以及西门子共同参与，以带动制造业的转型升级。而对于"中国制造2025"而言，汽车产业同样是载体、龙头和抓手，是建设制造强国的关键。

汽车产业做到今天已经奠定了绝对的支柱性产业地位，尽管有些专家有一些曲解，但事实上汽车已经是关系到国家经济命脉的核心产业之一了。而支撑一个国家经济命脉的产业绝对要靠本土企业，没有一个制造强国的支柱性产业是靠外资企业的。

因此，汽车产业的健康可持续发展值得我们高度关注。而本土整车企业的发展壮大一方面需要国家的有力支持，另一方面也需要更多优秀的本土零部件企业的支持，所以做强本土汽车零部件产业也亟须国家政策的激励。

03 顶层设计

汽车产业战略研讨呈现新局面

当前的产业重构浪潮实际上也是中国汽车工业面临的一个深刻的战略问题。如果说10年前业界的很多专家和领导都认为中国汽车工业基本上没有战略，那么现在，我们有了从事战略研究的一流学者、专家和专门机构，我们对于产业战略的讨论从来没有像今天这样充分过。事实上，由于中国汽车工业的快速发展和巨大进步，我们已经开始谋划对产业战略进行顶层设计了，这本身就是一种提升与自信。

今天，我国汽车工业所面临的战略问题与过去相比有以下几个特点：首先，由过去被动地讨论变为如今积极主动地讨论。20世纪结束、迈进新世纪的那段时期，是中国汽车产业面临的一个历史性转折期，其标志性的事件就是中国加入世贸组织。当时议论的焦点就是中国汽车向哪里去？中国汽车还有没有未来？行业里弥漫着一种“狼来了”的氛围。但是今天讨论产业战略问题，我们的心态明显是不同的，已变被动接受为主动进取。实践证明，中国汽车工业不但能活下去，而且已经在筹划如何把握新一轮产业革命的机遇期，使自己从大变强了。这本身就是一种质的飞跃。

其次，由过去那种自我循环的传统模式变为如今融合发展的跨界模式。很多互联网企业现在都要进入汽车领域，并且提出了新的创造性的造车思路和战略，这就是跨界。我们过去讨论汽车工业发展的时候，是没有这种力量、没有这种思路、没有这种观念的。那时候是汽车工业自己在讨论产业战略，针对自己的产业链来讨论，针对自己内部的资源来讨论。但是今天我们能够听到不同声音，这是中国汽车工业显著的进步。

最后，由过去的相对开放变为如今的深度全方位开放。以前参与产业问题讨论的只是几家整车企业，现在整车企业、零部件企业、互联网企业、行业协会，还有高校智库都参与进来。这种开放的态势是很难得的，10 年前绝不是这样的，这也是一个非常鲜明的变化。

顺应大势：国家做好顶层设计

中华民族之所以游离在前两次工业革命之外，这和当时清政府的闭关锁国政策直接相关，清政府对工业革命缺乏最基本的认识，更没有将加入工业革命提高到关系民族生死存亡的战略高度来重视。

历史可鉴，在今天新一轮产业革命到来之际，我们必须积极地参与到产业革命的浪潮中去，在产业革命的变革中有所作为，才有可能紧紧抓住这次机遇，最终实现中国汽车产业乃至整个中国制造业的由大变强！

所以，当前国家必须顺应大势，把顶层设计做好，制定出能够引导、推动、促进汽车产业加快发展的转型战略。在这一轮全球汽车产业变革中，中国所能扮演的角色和过去完全不同，中国已经是世界上汽车产业规模最大的国家，而且在更重要的汽车人才队伍方面，我们也早已今非昔比。可以说，现在我们有条件成为自己命运的主导者，中国汽车在这次变革中有望凤凰涅槃，担当全球汽车业的主角，这将是一个激动人心的历史性时刻。

汽车强国建设需要全面前瞻战略

“中国制造 2025”明确将建设制造强国列为国家战略，这是我国对制造业充分重视的体现。从汽车产业整体发展来讲，“中国制造 2025”中的相关阐述还只是一个部分，总体战略还应有相互配套的很多要素配合：包括从管理、新产业融合、国际化、改革、创新等方面，这些对于产业的融合、新技术创新体系的建设、产业化体系的培育和建立，都是非常重要的。

我国汽车产业在此前阶段的技术来源基本上是以引进、吸收、借鉴为主。现在这个阶段不论是新能源汽车，还是智能化、信息化的汽车，都是新技术的应用，因此原有的那种学习借鉴的模式，一定是不够的。

当然，我们原有的创新体系应该说本来也是不完善的。从基础研究，到工程研究，到产业化、商品化、服务化，这几个链条上的创新环节必须尽快连接起来，在这里面就会诞生出一些新型的业态，比如说融合了服务和制造的业态。这个创新体系的培育是最重要的。

从产业化的角度讲，没有必要探讨哪些技术是更好的，技术上没有好与不好，只有适合与不适合，或者有没有条件把它培育成熟。在这方面，企业应该尽可能地多做基础研发，多去储备一些技术，而不是说等待别人确定了方向我们再去追赶。那样的话我们永远只能是相对落后的，不可能建成引领或者超越性的产业。

我们原来的很多技术最多做到了和国外同步应用，但我们做不到同步研发，更谈不上同步创新。我们的产品开发可能只有 5 年左右时间的储备，但要做到全球领先，可能需要做到 20 年以上的技术储备才行。

新时期中国汽车产业的重点任务

当前中国汽车产业进入全新的发展时期，面临三个重大变化和一个基本不变的局面。

三个重大变化是：第一，国内产业转型升级，发展模式发生变化；第二，国际上发达国家再工业化和发展中国家进一步发展工业的需求，使中国受到双重挤压；第三，创新手段和方法发生重大变化。

一个基本不变是：一百年来，汽车产业始终是国家的战略先导型产业。近期德国的工业4.0、美国的工业互联网、日本的智能机器人，也包括“中国制造2025”，全世界四个最大体量的经济体，在制造业转型升级战略中都异口同声地提出要发展制造产业，并高度重视汽车产业的作用，这就是一个有力的证明。

因此，保持汽车产业在社会经济中先导型产业的战略地位是我们汽车人的重要任务。这包括两大方面的战略任务：第一是创新升级的任务，第二是结构调整优化的任务。其中创新方面可以再细分为十项任务，结构调整优化可归纳为八项任务。

创新升级的任务包括：第一，资源综合利用能力提升。这是我们必须要补的3.0的课，过去我们资源利用效率太低了，必须要解决资源利用的问题。第二，“中国制造2025”提出的产品低碳化、信息化和智能化是汽车工业发展的灵魂和基本追求，是汽车工业未来发展的重要方向。第三到第八项任务依次为生产模式的转变，产业链的重塑，物流的变化，法律体系的完善，行政管理的创新，行政管理的改革。第九，汽车成为社会智能化的载体，在智能交通、智能电网、智能社区、智能家庭和智能城市等领域发挥关键作用，目前德国和日本都是这样规划和尝试的。第十，汽车产业这些全新变化对汽车文化、生活方式乃至整个社会形态都将产生深远影响，汽车工业必须与此相适应。

结构调整方面：第一，产品结构调整，以需求带动的方式提升品牌建设。第二，企业内部调整，从完全生产型企业转变成生产 + 服务型企业。第三，与第三产业之间的深度渗透，未来汽车产业和第三产业之间的界限将越来越模糊，互相之间有交叉，有渗透，这个过程必然产生新的商业模式和合作模式。第四，制造业和信息业的高度融合。第五，对于其他相关产业，汽车产业也将提出新的要求。第六，与外来“闯入者”之间达成平衡而形成的结构调整。当前很多 IT 企业要闯入汽车业，这其中融合是必然的，近期可能是互相学习、互相吸收的过程，远期则是相互促进、共同升华的过程，从而促进汽车工业加快发展。第七，解决好自主发展和开放发展的结构调整。即我们前面讲到的要逐渐“引进来”和“走出去”都放开。第八，传统汽车产品逐步向新技术汽车产品转移的结构调整。

汽车产业进入探索发展新阶段

实际上从发展阶段来看，我国汽车产业发展的时间并不是太长，真正快速发展是从 20 世纪 80 年代改革开放之后，也就是三四十年的时间。这期间我们从一个极度落后的状况，发展到现在产销量全世界最大，这是很不容易的。当然也面临着两个突出问题：第一，在这样快速的发展中，我们能力上的提升和积累还不够，必须考虑要怎样才能做强；第二，我们现在规模是世界最大了，已经连续 6 年第一，今年是第 7 年了。

在这样的体量标准下，全世界已经没有我们可以参照的国家或者市场了，我们的做强之路只能靠自己探索。也就是说，我们从学习追赶变成了探索超越，这就需要我们更长远、更系统地思考问题、采取对策。所以，我们更需要清晰的发展战略，而不是简单地学习、借鉴、引进、提高就可以了，我们要有创新，甚至要去引领。

院长心声

中国汽车产业高速发展至今，已经连续6年居于世界销量第一，空前的规模和速度使我们已经没有可以参考的对象了。未来汽车产业应该怎么发展，只能依靠中国人用自己的智慧来探索。可以确定的是，下一阶段我们的重点一定不是简单地追求规模，而是要更加注重汽车产业内涵的发展和完善。不仅要做强汽车产业，更要让汽车产业拉动、带动其他产业健康发展，要把汽车产业上升到文化，甚至上升到文明的高度来思考。

我们原来更多的是跟随性的，以引进、吸收、消化为主的创新模式支撑我们从无到有走到今天。但这对于今后我们要建设制造强国来说就远远不够了，因为没有任何国家仅仅依靠跟随就能成为顶级工业强国。我们需要的不仅仅是技术，还需要整个产业的创新能力、国际化以及人才的培养。尤其在创新模式上，我们不能简简单单地只做产品创新，更要做基础创新、原始创新。过去，我们是把别人的产品和技术生产出来，即使了解一些，也只是一知半解。但从现在开始，我们要知其然，更要知其所以然。这样，我们才能逐步引领创新。

未来，汽车产业整体上不会被颠覆，但是企业个体很有可能被颠覆。被颠覆的将是那些没有做好准备、不去思考战略的企业。正所谓“没有战略就会失去方向”，企业如此，国家也同样如此。

或许今天还有很多人认为国家依然没有汽车产业战略，但是我们在热烈地讨论甚至是争议战略本身，就说明了我们开始有战略，开始认真探索路在何方。而中国汽车工业就将在这个讨论过程中逐渐从大到强。

04 品牌战略

品牌战略缺失是最大的历史缺憾

中国汽车品牌在成长的过程中，最大的问题在于国家在品牌战略上从一开始就是缺失的。对于品牌，不但是我们的企业没有很好地理解，我们的政府也没有很好地理解。决策者没有品牌的观念，导致我们在汽车产业对外引进合资时出现了重大的失误，在创立合资企业的过程中把自己辛苦打造的品牌都放弃了，比如北京品牌、上海品牌等。当时认为只有技术、设备、产品才是最重要的，而忽视了最有价值的其实是品牌。这是非常遗憾的，损失难以估量，教训十分惨痛。

因为，品牌资产一旦放弃，恢复起来一是非常难，二是时间长，“开弓难有回头箭”。一款产品放弃了，明天还可以回过头再去做，很快就可以恢复起来；但是一个品牌放弃了，要再启动就得重新撒上种子，要长成参天大树是非常艰难的。

放弃中国品牌，同时等于助力了国外品牌的发展。今天，国外汽车品牌在中国消费者心中的认知程度，无论在广度上还是深度上，都可以说已经到了无以复加的地步。人家的品牌形象塑造得这么好，老百姓又凭什么冒风险去重新选择自主品牌呢？何况我们的汽车产品本来就与人家有差距。这本身就是一个并不公平的竞争环境。

历史不能假设，但如果当年上海汽车和大众合资后，产品不叫桑塔纳，不用大众标识，就叫上海牌汽车，那么今天的上海牌汽车会是什么样子？上汽集团又会是什么样子？可以想象，中国品牌绝对不会是今天这种被动的局面。至于说政府对自主品牌采购不积极、老百姓不够认可等，相比之下都是战术性的，不是主要问题。过去已经无法改变，但今天必须觉醒，我们要行动起来，即使付出百倍的代价，也要弥补我们过去在品牌上的失误。

改变品牌结构是汽车产业的核心战略

中国汽车产业最大的痛就是缺少品牌，最大的缺失也是缺少品牌，特别是乘用车。目前中国乘用车品牌还是以合资公司的品牌为主导，而合资公司的汽车品牌基本上是以跨国公司的品牌为主导。一直以来，这也是中国汽车工业备受社会各界批评、指责、诟病的最核心问题之一。传媒界还对中国汽车市场做了品牌划分：日系、德系、美系、韩系和自主等，而自主品牌在这其中是比较微弱的，处于非常尴尬的境地。

中国汽车品牌的差距与中国企业的管理体制密切相关。很多品牌的树立、传承和这个企业的主要领导人存在着密切联系，一旦领导人转岗或者调职，继任领导人未必会传承原领导人的管理理念和管理方式，就有可能造成品牌塑造的断层。为什么国企改革如此重要？这其中涉及太多深层次的问题，品牌也是其中很重要的原因之一。

品牌之所以能够成为品牌，其关键就在于传承，这需要我们一代又一代人用工匠精神去捍卫、去保护。中国的汽车产业战略，最重要的就是要让现有的品牌结构发生变化。要让中国汽车市场再进来一些新型的、具有狼性文化的创新企业来博弈。我们需要不怕失败、勇于创新、积极变革的狼性文化。猫性文化不行，总是守在家里，成不了大事。有了这些新兴力量的加入，中国汽车市场的资本结构势必产生相应的变化，而资本结构的改变又会拉动技术结构的变化，最终引发品牌结构的变化。

院长心声

汽车与普通的消费品不一样，品牌的打造至关重要，而提升品牌的溢价力和号召力难以速成，必须踏踏实实地不断积累。实际上，自主品牌现在之所以如此艰难，处在众多强势的国外品牌的夹击下，就是因为我们当初放弃了自己的品牌，又给别人的品牌做了嫁妆。

05 自主品牌

客观评价国有车企竞争力

国有企业确实有自身的问题，但是对国企竞争力的评价也应该客观全面。目前，在每年2300多万辆汽车的产销量中，包括乘用车和商用车，一半左右是自主品牌生产的，其中国企就贡献了很大的比例。

第一个方面，市场应对能力。2015年是中国汽车市场增速下滑最明显的一年，但是到10月为止，占总产量80%的前10家企业里面有8家是国企、2家是民企。统计数据表现出以下三个特点：

一、仍然是以国企为主的局面，当然国企也包括了合资企业的贡献。

二、10家企业的销售业绩大多数是正增长，只有3家是负增长。

三、这10家企业中有7家企业到10月份的累计产销增幅高于整个行业的平均水平，其中有5家是国企，包括4家地方国企和1家央企。销售增幅最高的一家企业增幅达26%，比全行业平均增幅1.5%高出非常多。在如此困难的环境下取得这样的成绩，可见不能简单地说国企没有活力或者活力不足。

第二个方面，自主品牌总体实力评价。中国的汽车产业虽然只有几十年的发展历程，但已经不是以完全依赖国外和从属关系为主的产业。回首30年来，最初搞国产化的时候，我们连最简单的零部件都不能生产。而现在大多数企业包括国企、民企，都可以根据自己产品的需要，自行组织开发所需要的零部件，或者根据自己的产品定位，在全中国乃至全世界去采购最质优价廉的零部件。这证明我们已经从引进、消化、再创新的阶段发展到了集成创新的阶段。我们现在可以自己开发和制造各种各样的发动机，也开始自己研制自动变速器。中国汽车产业已经形成了较为完整的研发和制造体系，与30年前相比，取得了巨大进步。

这也说明了国企里有一批有理想、有激情、敢于担当、勇于奉献的优秀领导者。但是国企在效率等方面仍然存在问题。当前国有企业体制改革已被列为国家重点推进的一个关键问题。2015年8月国务院发布了《关于深化国企改革的指导意见》，提出了一系列体制和机制改革的具体要求。相信通过改革，我们的国企一定能够不断完善现代化的企业制度，包括国企可能最缺的——更有效的决策机制，能够激励人、留住人、充分发挥人才作用的机制，以及容错的机制，从而激发国企的创新活力。

发展自主品牌，尊重企业创新

中国汽车产业的发展过程中，现在最需要解决的，就是自主创新不足，也即自主品牌薄弱的问题。总结过去的得与失，有一些不同体制的自主品牌企业取得了一定的成绩，这说明如果我们企业的战略方向正确、战术措施正确，是能够做好自主品牌的。

中国汽车要想解决自主品牌发展的问题，从根本上说还是要尊重企业的创新精神，尊重企业的战略选择，尊重企业和企业家的个性，这样汽车产业才有希望。最怕的是让所有的企业都变成一样的，因为汽车是工艺品，也是艺术品，有个性的汽车才能成为卓越的产品，有个性的企业才能成就自己卓越的梦想。

自主品牌突围的关键在产品

后发国家里，把汽车工业发展起来的，目前来看只有两个国家：一个是日本，一个是韩国。这两个国家在汽车工业发展初期，国门都是封闭的，外国汽车产品和外国厂商基本无法进入。不能建合资企业，也不能把进口车销售进来，在这样一种政府不遗余力保护本土企业的大背景下，韩国和日本的自主品牌才做起来了。但是现在中国没有这样的背景和环境，国家已经高度开放，不可能为了汽车工业再封闭起来。在开放的环境下，自主品牌要想实现突围，确实难度非常大。

自主品牌的特点和状况各不相同，适应的发展模式也应该是多样的，应该有针对性地合理选择。同时，必须关注国际市场。国内市场合资品牌已经占据了轿车市场 75% 的份额，自主品牌仅占 25%，想在这个市场实现突破难度较大。而全世界除了门槛较高的少数发达国家之外，大部分是发展中国家，其中不乏新兴市场国家，国民收入水平不是很高，中国汽车产品的价格在这类国际市场里是有竞争力的，关键是如何把我们的产品做好。

产品品质可以从三个维度来勾画：第一个维度是可靠性、耐久性，第二个维度是表观质量，第三个维度是车的性能。消费者对这三个维度的需求是逐层递进的。首先，无论买多便宜的车，可靠性和耐久性都是必需的；然后消费者比较有钱了，就会关注外观和内饰；最后更有钱了，才会注重车的性能。因此，自主品牌不管多注重产品性能，都必须先把可靠性和耐久性做好，要在第一个维度上下大功夫，这是自主品牌取得长期发展的必要条件。同国际上的竞争对手相比，很多自主品牌的产品在第一个维度上还没有完全过关，这样即使打开了国际市场，也很难有持久的竞争力。

目前，合资品牌的产品线在不断下探，但自主品牌仍要坚定信心。因为合资品牌如果推出 6 万元的车型，也只能做到关注第一和第二维度，即可靠性和耐久性会做得不错，外观和内饰就不一定能做得很精细了；而在性能上，包括一些先进技术的采用，一定会打折扣，否则也做不出来这种价位的车。从这个角度来说，自主品牌企业还是可以做出同样质量而且价位略低的产品。随着时间的推移，消费者对自主品牌的认知就会变得越来越好。

过去很多自主品牌企业没能把握好汽车产品需求三个维度的递进规律，盲目地去开发很多先进技术，结果性能可能有进步，但是可靠性、耐久性却还没过关，这样消费者是很难认可的。

中国企业最应该学习的就是韩国企业，它们能在极短的时间内实现崛起，靠性价比取胜。而之所以韩国车的性价比较高，是因为韩国企业在产品品质的第一维度和第二维度上下了大量的功夫。无论是从消费者感知的角度，还是从国际机构，比如 J. D. Power 调查的结果看，在这两个维度上，韩系车都不输于日系、德系和美系车。2003 年、2004 年，北京现代进军出租车领域，这表现出北京现代对其产品的可靠性、耐久性很有信心，事实也正是如此。可靠性、耐久性是第一维度，表观质量是第二维度，然后才是技术性能维度。如果要保持较低的成本，一定先把前两个维度做好，而在第三个维度上可以有所牺牲。

寻找相对优势，实现后发赶超

总结改革开放以来我国最终取代外资、战胜外资的那些产业的规律，其共同点是，扎根中国广大复杂的市场，寻找相对优势。比如说，我们一开始家电也不行，但是找到相对优势了，这个相对优势就是我们的维修服务远远比外资做得好。

还有最近的例子，华为和小米作为手机行业的代表终于崛起了，我们可以向三星、苹果挑战了，这也是因为找到了相对优势。手机业的相对优势就在于性能上进行适合本土消费者需求的完善。比如，中国的消费者喜欢自拍，那么就完善这个自拍功能。而外资企业通常是在总部设计，面对的是全球市场，在追踪本土消费习惯方面可能就欠缺一定的灵敏度和速度。此外，小米找到了适合自己发展的商业模式，全面外包，最后整合出小米手机，通过互联网的渠道来进行销售；华为则是依靠其强大的通信设备研发能力，作为相对优势来进行突破。

目前中国的汽车工业面临的困局在于，究竟我们的相对优势在哪里？制造水平、质量管理等，可能都已经或正在和国际接轨了，但最后开发出来的产品并没有优势。我们很多汽车企业与合资企业有天然的联系，模仿外方合作伙伴可以做到一点不走样，但是总活在人家的影子里，怎么能找到相对优势呢？可能在维修服务方面能找到一些优势，应该进行一些创新尝试，但是总体而言，自主品牌的售后服务做得还是不如合资品牌。这是汽车企业必须认真思考和积极探索的重要问题。

而对于国家而言，主要有两条。一个是按照现在的产业政策体系，继续加大研发的投入和激励。促进共性技术的进步和发展仍是极其必要的，特别是现在我们处在能源革命时代，新能源汽车的技术路线还未确定，电池也还有待新的突破。另外还有新的潜在方向，比如石墨烯等，燃料电池也还处在攻关的阶段，国家必须加大力度，全力支持这些研究和探索。

另一个，国家还应该推出一些支持汽车零部件企业发展的切实有效的政策。关于自主零部件产业的发展在历次汽车产业政策中都有写到，很遗憾都没有落实到位。支持汽车零部件企业发展的政策，一定有不同于支持整车企业之处。一直以来国家都没有找到支持汽车零部件企业发展的有效政策。本来汽车零部件很多都是中小企业，按理说支持中小企业发展要比支持大企业容易得多，但恰恰没有落实，很多扶植零部件企业的举措最后全部都落空了。中国目前的汽车零部件市场很不乐观，一大批外资企业已经扎根并在不断扩张，而数量众多、实力有限的本土企业还在苦苦挣扎。要知道，没有强大的本土汽车零部件产业，就不会有强大的本土汽车产业。

院长心声 尽管增速可能会放缓，但中国市场作为全球最大汽车市场的地位目前来看是不可能被超越的。一个很自然的担忧是，中国汽车产业的增长主要以外资品牌为主还是以自主品牌为主？毕竟，产业的强弱是由本土企业的实力来衡量的。

对此，我们首先应充分肯定过去30年合资合作取得的成果。中国汽车产业从无到有，从最初国产化生产都很困难，到学习掌握了生产技术、质量控制技术，形成了供应商体系，这是巨大的进步。

同时，我们确实还有很多不足，特别是国企的体制和机制还有待完善，包括激励机制，也包括容错机制。汽车产业链条长、投资大、产品开发周期长，更要允许出错。希望政府能够加快改革步伐，让国企更好地参与市场竞争。"一万年太久，只争朝夕"，市场留给中国汽车产业做强的时间已经不多了，消费者的要求越来越高，法规和技术需求升级带来的挑战也越来越大，更需要企业加大投入，踏踏实实锻炼出真本领。汽车产业做强需要各类企业的共同努力，国家如果不能保证国企的竞争力，仅靠民企是不够的。

经验告诉我们，做强自主品牌必须尊重客观规律，尊重企业的自主选择，尊重市场的经济规律。自主品牌企业可以突破体制，突破一些常规的束缚来加快形成自己的竞争力。

06 强国之路

汽车产业如何由大到强

当前中国汽车产业的战略方向和目标，就是要实现由大到强，这主要从提升能力、提升竞争力的角度来入手。由大到强，不是进一步在数量上或者规模上达到某种指标，而更多是要在一些内在的、有价值的指标体系上有所进步，也就是说在内涵上要有所提升。要让汽车成为中国制造业的一种象征，代表着中国的竞争力和在世界上的影响力。

汽车产业由大到强，需要中国出现世界级的汽车企业和品牌。不仅要有世界级的整车企业，还要有世界级的零部件企业，这样的汽车产业才真正是有整体竞争力的产业。这需要一个脚踏实地、持之以恒的探索过程。

现在我们比以往更具备做强的条件：我们有更好的基础，不仅是规模；而且我们的产业体系、人才、市场等环境都更好。中国已经是全球最大的市场，同时我们还有更大的全球市场可以去开拓；我们现在体制更活，正在进行很多更市场化的改革；我们的资本更足，很多资金都在寻找新的投资领域；我们的技术正在创新，正迎来新一轮的科技革命。这一系列有利因素使我们更有条件把汽车产业做强。

在这个过程中，企业要有一种使命感和责任感；同时政府也要切实调整和发挥好自己的作用，更多的是营造环境、规范市场，让市场更好地发挥作用，让企业更能够体现其主动性和主体作用。相信最终一定会有企业脱颖而出，时间会做出选择。

强国建设需要政企有效互动

做强汽车产业很不容易，我们要有自信，也要有一定的宽容，更需要足够长的时间来努力。这其中，最核心的还是我们的企业要不断创新，同时也要认真、专注，更要坚持。没有一批有追求、有担当、肯拼搏、肯实干的本土企业，否则汽车强国的期待是无法变成现实的。同时，政府也必须有所作为，不是说要去保护、去干预，而是要创造积极向上、公平竞争的环境。从企业发展层面讲，无论战略还是战术都要适应国家产业发展的总体要求。而今后国家投入和激励的重点，以及自主品牌如何能够更有竞争力、更加国际化，这些都是企业必须关注的。

回到最基本的一条，无论是政府还是企业，都要尊重市场、尊重规律、尊重科学、尊重消费者。我们发展汽车产业并不是为了产业而产业，而是为了满足国家经济和社会的发展需要，也是为了满足人民群众生活水平提高后多元化的需要。不仅是“行”的需求，还有其他的需求，都要靠汽车来满足。只有让汽车产品成为人民生活水平不断提高的强有力保障，汽车产业在未来才能有更大的发展空间。

汽车强国之路：开放、创新、实践

国家的决策者们以及企业家们，也包括汽车行业的每一个从业者，特别是高层人员，首先要树立一个大的开放观，要真正具备全球的视野，这种开放的思维和开放的观念一定不能变。中华民族一定要融入国际社会中去，中国汽车业也一定要融入世界潮流中去，我们要在世界浩浩荡荡的变革大潮中成为主流，担当主力军，而绝不能把自己隔离开来，或者对变革的潮流视而不见。

其次，对科技创新要更加重视。当前，中国汽车工业面临的是一场全新的技术变革，汽车工业的生产方式、管理方式、使用方式都将发生根本性的变革。而在变革的过程中，起主导性作用的一定是技术，而不是别的因素。当年，当我们通过改革开放来引进并吸收世界先进的科学技术时，有已经成型的科学技术可供模仿学习。但今天不是这样了，因此我们必须加倍重视科学技术创新发展，要比当年邓小平提出“科学技术是第一生产力”还要更加重视。因为正是科技创新改变人类的生活方式，改变人类的价值观，改变人类的未来走向。

最后，一切还需踏踏实实地做，实践才能出真知。在方向明确的前提下，一定要不懈努力、勇于实践、敢于探索、求真务实、保持定力。要能够透过表面现象看清事实本质，不要为抽象概念左右，也不要听风就是雨，更不要随波逐流，而是要紧跟着科技革命的潮流前行。实际上，成功的汽车企业莫不如此，他们沿着原先谋划构建好的战略方向和发展框架，矢志不渝地进行探索和实践，不被外界因素所干扰。自主创新能不能成功，自主品牌要不要坚持，最终的结果绝不是外界的风言风语决定的，一定是我们自己的行动决定的。因此，我们必须坚持自己的信念，一往无前地前进，坚持改革开放，坚持自主创新，坚持踏实实践。

院长心声

建设汽车强国是一项系统工程，既需要国家领导的顶层设计，也需要企业家的踏实努力，更需要基层员工的认真付出。当前中国汽车产业正处于一个十字路口，如果我们抓住了这次机遇，中国汽车产业乃至整个制造业就会迈上一个新的高度。也可以说，中国汽车产业正肩负着制造强国和民族复兴的历史使命。

建设汽车强国，不是有几名优秀的企业家就可以做到的，也不是国家有适宜的政策就可以做到的，一定是国家、企业乃至整个社会各司其职、有效互动才能做到。而做强汽车产业关系到国民经济能否有一个强大而稳定的支柱性产业，也关系到中华民族在未来全球制造业格局中的地位。

因此，我们必须明确以汽车产业为载体、龙头和抓手，带动整个中国制造业抢占未来全球的战略制高点。过去的30年，中国汽车产业能够做到今天这种规模，所有汽车人付出了太多的心血，虽然本土企业还不够强大，但我们已经初具模样。以此为基础，我们可以对未来有更大的期待。

未来汽车产业发展的重点已经不再是简单地追求规模，我们要追求有内涵的产业、健康的产业，而且要站在文化、社会和整个产业生态的高度来看待汽车产业。这其中既有产品的问题，又有技术的问题，更有我们的体制和机制的问题。汽车产业要发展，要有一大批优秀的有梦想的企业家参与。如果没有充满激情、坚持不懈做下去的民族企业家，那我们这个产业是没有未来的。

同时，针对产业管理，从国家的角度应更多地服务于汽车产业，而不是管住汽车产业。

一个人也许解决不了整个汽车产业发展的问题，但是我相信通过大批企业家、政府领导和行业专家，包括汽车界的每一位同仁共同努力、积极互动，中国汽车产业一定可以实现健康发展、由大变强的梦想。规模庞大、涉及广泛的汽车产业正需要更多的人用智慧和汗水。创新和坚持来为之努力。汽车产业是“中国制造2025”的载体、龙头和抓手，做强汽车产业将为中国未来制造业的转型升级提供强有力的基础和支撑，我们要肩负起振兴汽车产业的这一伟大历史使命！

二、产业政策

01 产业管理

汽车产业政策应更灵活有效

我们曾经有过两版产业政策，从 1994 年到 2015 年汽车产业飞速发展的过程中，这两版产业政策的作用应该说还是很明显的。

当然，产业发展到一定阶段后，政策会有不适应的地方，而且产业政策本身的功能也会发生很多变化。一般来讲，在产业初期，需要有系统性或者更多行政干预的政策来调控。而现在我们已经发展到这么大的市场规模了，应该到了让市场发挥作用的时候了。从这个角度讲，我们现在不一定还需要一份叫作产业政策的新政策了，因为产业政策的形态也不是固定的。比如说美、日、欧、韩等国家和地区，它们现在都没有专门叫作汽车产业政策的政策了，它们的产业政策现在已经变成更精准的、更前瞻的一些政策了，也包括一些临时的政策，像临时干预等，有时候刺激一下市场，买新车给一些补贴等，这些也是政策。

发展阶段不同，政策的功能也变了，我们也没有太大的必要一定再去出台一版新的产业政策。从原有产业政策的内容来看，有很多已经被调整了，或被取消了，或被替代了。但原有产业政策的基本原则和方向等并没有太过时，很多我们还必须继续坚持。从政策效果来讲，我们可能不一定再去追求形式上的完整系统的产业政策，而更要强调政策的适应性，特别是要和现在的改革发展趋势相适应。

在市场经济下，可能没有政策才是最好的政策，因为没有政策更体现自由竞争，更体现市场作用，但我们不可能一下子就走到这样的阶段，所以我们需要找到战略重点。对于需要特别重视的领域，我们要有一些干预或者有一些明确的引导去发挥政策的作用，但不需要面面俱到地顾及汽车产业的方方面面。

从大的原则讲，根据中央改革的要求，凡是市场能够发挥作用的，政府不再去干预它，包括投资、准入等方面的管理，这些不但增加成本，而且有不少是重复的，效率比较低，肯定要逐步把它简化、下放甚至取消。

另外，政策需要加强的是创新体系的培育和新能源汽车的发展。这是我国汽车产业由大到强的必由之路，我们必须把这条路走好。为此政府先要把这条路修好，创造好的政策环境条件，包括流通体系、财税体系等也有改革的必要。

多维度提升政府管理

一方面，政府的管理肯定要适应产业发展的要求，政府来适应产业，而不是产业来适应政府。现在的问题是产业发展得太快，我们很多机制转换得不是那么快，改革牵扯到很多利益的调整，不可能一帆风顺。但改革本身是必需的，总体上必须简化、协作。同时，有的方面政府管理还要加强。并不是说我们这么多部门一起管就起到作用了，有很多该起的作用反而没有起到，该管的地方还没人管。

另一方面，也不需要过分夸大这方面的问题。否则我们汽车产业的发展速度怎么会这么快？政府管理问题有的时候被夸大了，企业在某一个阶段，自己也会遇到一些困难或者矛盾，这与政府管理并没有很大的直接关系。总体上看，我们的政府管理，实际上还是在不断地去适应，不断地去调整，只是没有像产业发展和期望得那样快速。

这里面我们需要重视的问题，第一是重复管理，其实国外很多环节也是分段管的，但是我们可能在某些环节上重复得比较多。第二是执法失衡，有人在门口把门，没有人在进门之后监管，把门处重复障碍很多、效率低下，里面该管的地方却没有人尽责。这方面必须改变，要把力量充实到事中、事后的监管上。当然各国情况不一样，中国有中国的国情，实际上欧洲、日本也有人把门，同时也有人门内监管，不过方式与我们不太一样。

同时，政府管理还涉及地方的干扰。在我们汽车产业的发展过程中，地方的干扰因素一直都存在，而且没有太明显的改善。这对于国家部门的管理效果又产生了很多不利的影响。

此外，还有一个深层次的因素，就是税收制度。我们现在的税收制度设计导致了重生产轻消费，而且地方和中央权责利不够均衡。如果我们把税制与发达国家的税制对应上，可能很多政府管理问题就不存在了。

最后，政府管得过多，这在很大程度上是因为我们的法制跟不上。依法行政不够，有法不依、执法不严、违法不究的问题很严重。这就造成了我们本该靠法制监管的事情，只好靠行政管理来替代，而行政又没有法律的严肃性和约束力，导致不该管的也管了，而管了又管不好。因此，税制和法制应该是推进改革的重点。

院长心声

不可否认的是，在过去20年中，两版产业政策为中国汽车产业发展到今天立下了汗马功劳。但时过境迁，随着社会的进步和产业的发展，有些内容已经不合适了。现在我们应该更多地让市场起到主导作用。政府应该弱化原来行政上的干预。而对于影响国家未来命运的关键要素，比如说创新机制、新能源汽车等，国家仍应通过一些产业引导政策来有效推动，包括一些利税、科研激励等方面的引导，以确保重点发展。

汽车产业非常复杂，涉及人才、资金、技术和相关产业等各方各面，我们应该有足够的耐心，踏踏实实地做事。国家如此，企业也如此。企业家要有胸怀，要有长远的战略眼光，矢志不渝地努力把企业做好。国家也要从体制、机制上创造更灵活的条件。我们整个产业则要把资金、人才和技术创新真正用好。果能如此，中国汽车产业没有理由做不好。我们需要而且一定能诞生世界级的汽车强企。做强汽车产业绝对不是一朝一夕的事情，但是我们要有这种信心。

总体来说，虽然中国汽车产业要面对很多挑战，但同时也有很多的机会。最核心的是，我们要尽快把政府、产业和企业之间的分工研究界定清楚。政府要做好宏观战略的制定，企业要培养自己在市场竞争的真正实力。这样汽车产业才能够健康发展、加快做强。

02 多头管理

“九龙治水”是政府职能改革的重点

“九龙治水”是当前产业管理中一个非常突出的问题。随着汽车产业的快速发展，产业参与者越来越多，市场规模越来越大，消费者人数也越来越多，伴随而来的能源、环境和交通等问题也日益突出。负责能源、环境和交通的部门对影响日渐显著的汽车产业提出管理意见，拿出管理办法，这是其职责所在，无可厚非。问题在于这些部门在进行管理的时候，和原来的汽车主管部门之间的协调不够。第一是很少有充分的沟通和周密的协同；第二是大家把更多的注意力放在了管理的前端，即事前管理阶段。这样，“九龙治水”的局面就逐渐形成了。

2004年，国家发布了《行政许可法》，明确了行政审批项目需要有法律授权。但是政府各个部门也不能接受无所作为的状态，所以局面依然没有改变。法律公布之前，“九龙治水”是各个部门协调不够的问题。但是法律公布之后，局面没有任何改变，这就比协调不够的问题更加严重了。十八大以后，党中央提出依法治国的基本理念，虽然问题的解决还需要比较漫长的过程，但是这次党中央、国务院的决心很大，一定要彻底解决政府职能转变问题，而且现在已经开始出现好的迹象。我们也期待在国家的高度重视下，汽车产业“九龙治水”的局面可以得到改善。

当然，汽车产业本身高度复杂、牵涉广泛、影响巨大，本身也需要多个部门进行协调有效的管理。希望从国家层面对汽车产业更加重视，把政府工作流程定好，把管理效率提高，把制定标准放在国家利益的高度上，把国企改革做好，在这些条件下进一步推进汽车产业发展。

院长心声

中国汽车产业虽大但不强，和产业发展时间短、自主品牌培育时间不足有关，同时也和我们的产业管理有很大关系。目前，我国的汽车产业处于“九龙治水”的多头管理之下，相关部门只关注在自己负责的范畴内如何把汽车管好，而没有一个部门或机构能够牵头研究和领导如何做强汽车产业。

“九龙治水”是由很多原因造成的，其中最大的原因就是多部门之间缺乏有效协调，这也造成了有关汽车产业的政策要有效落地非常困难。更重要的是国家有了法律后，各个部委能不能真正依法办事？期待十八届三中全会中央提出依法治国之后，针对汽车这样复杂的产业能够早日出台《车辆法》，明确各个部门的职责职能，确定国家、产业与企业之间的有效分工，这样“九龙治水”的问题也会在一定程度上得到解决。

汽车是极其复杂的产业，几乎涉及国民经济和社会生活的方方面面，所以不可能只由一个部委一管到底。尤其是未来在新一轮科技革命的影响下，智能网联汽车以及汽车智能制造的发展更会涉及信息产业、交通产业和城市建设等领域，因此，既要对这个产业有详细的了解，又要站在国家高度来看全局。建议成立一个有权领导和协调各部委的汽车产业领导小组，这个小组以做强汽车产业为根本目的，清晰定义各个部门之间的分工和职责，严抓大家的协调和落实，清清楚楚地考核和激励各个部门，该管的一定要管好，不该管的就不要管。这样一来，汽车强国战略才能更加系统一致，并早日得到实现。

03 股比放开

合资股比应先对内放开

汽车产业合资股比可以放开，但应先对国内企业放开，使我们的企业有一个缓冲的过程。对国内企业放开，一个好处就是它符合中央混合所有制改革的精神，毕竟汽车行业本身属于竞争领域。另外，也能够推动大企业内部机制的转化和改革。而如果主张现在就一步到位、全面开放，允许让外资接管，是会出问题的。目前外部的压力越来越大，再坚持可能也坚持不了几年了，因此更要加快对内资放开的速度。

在自主开发方面，总体上可能中央的国有企业不如地方的国有企业，地方的国有企业又不如民营企业。所以，更有必要在完全放开市场竞争之前先加快改变内部机制，这或许是最后一搏了。

开放政策应多管齐下

十八届三中全会讲到要对一般性制造业进一步开放，这里的开放大概有四个维度：第一是对内要放开，第二是对外要放开，第三是引进来要放开，第四是走出去也要放开。

对于汽车产业而言，短期内政策取向应该是先内后外。主要可以有四个方面：

第一，政府对项目、产品、企业的审计流程要简化，同时降低企业及产品准入的门槛。政府做到法无授权不可为，企业实现法无禁止即可为。

第二，提高政府管理的有效性。过去政府对于不能直接面对和直接管理的，要通过中介机构来做。今后是否可以采取政府向真正中立的中介机构购买服务的方式，这是未来发展的一种可能。

第三，改革标准体系。国家和地方的标准制定和实施一定要符合总体利益。实际上，标准也是直接关系到对内开放度的基本约束问题。政府在制定标准时，一定要注意社会效益和社会成本的平衡。如果一味追求越严越好，就可能会出现问题。制定标准时一定要留足“冗余度”，历史的惨痛教训反复证明，制定政策的动机和实际效果必须高度协调，否则看起来是企业买单，最后很有可能是政府买单。从这个意义上讲，解决内部的放开问题，要有政治勇气，更要有政治智慧。

第四，国企改革必须要加快进行。政府审计流程简化，管理效率提高，标准合理化和国企改革，这是我们近期要完成的主要任务；而中长期政策要和近期政策同时并举。

另外，走出去的放开比引进来的放开更重要，这关系到我们在全球的长远利益。因此放开制造业不是一个简单的问题，而是一个系统的多维度的问题。

院长心声

关于汽车产业进一步放开的问题，从贸易自由的经济角度讲是应该全面放开的，但是放开应该以国家利益、民族利益、产业利益作为先决条件。如果离开这些先决条件讲放开，就会得不偿失，我们就会偏离放开的目的。我们要在一些产业、一些关键领域抢占战略制高点，而汽车正是制造业的龙头、载体、抓手。汽车产业放开的目的绝不是简简单单满足消费者有车开的需求，那样的话全面放开让外国企业来造车也没问题。但如果汽车产业不能做强，中国制造业想做强、想转型升级就会变成无本之木，因为汽车强国和制造强国是息息相关的，所有汽车强国都是制造强国，而制造强国也大都是汽车强国。如果不以汽车产业做强为目的来谈放开，我们就等于是放弃了制造业做强的基础，“中国制造 2025”的提出也就失去了最根本的意义。

延迟对外资放开的时间，加快对内资的放开，有利于产业内部的良性循环和健康发展。因此，汽车产业的放开理应先内后外。当然，我们对内放开的标准必须以促进形成真正的竞争力作为前提条件，否则先对内放开也就和不放开没有区别了。我们既不能提出一个根本达不到的标准，也不能为了将就本土企业而把标准无限降低。这必须是一个技术能力、成本接受度以及未来长远目标综合平衡的指标。

04 准入管理

电动车准入门槛是为激励“高手”

目前新能源汽车资质放开政策是给有能力的参与者“投资”，或者说是给愿意创新和参与市场竞争的企业以鼓励。任何一个产业，确立规则，实施监管，最重要的都是要维护公共利益和消费者利益。新能源汽车产业和传统汽车产业有一个很重要的不同：传统汽车产业我们落后非常多，没什么选择，只能抓紧学习、抓紧追赶；而现在发展新能源汽车，全球基本都在同一起跑线上，国内和国外的区别不明显，都是国际水平的竞争。产业体系是国际化的，产品竞争也是国际化的，因此要求我们的企业也必须有更高的追求，或者说更高的起点。从这个角度来说，国内既不缺电动汽车的生产企业，也不缺电动汽车的生产能力，我们更缺有专长、有特色、有“绝招”的优秀参赛选手。希望通过这种放开，把原来受政策条件约束的高手放进来，而不是为了仅仅增加几家企业。

正因如此，国家提高了一些要求，让新进入的企业把着眼点放在今后几十年的全球竞争上。如果不做好全球竞争的准备，上场之后也不会有很好的发展空间，企业拿到资质恐怕也无法真正实现梦想。从产业主管部门的角度讲，立足点和出发点是要让参与者有能力参与全球竞争，也就是要提高国家的总体竞争力。

释放创新活力应放开资质和产品认证

对于新创立的企业来说，最重视的就是初始品牌的塑造。品牌是一切的基础，是用户能够感知产品很重要的外在形象。但是国家的产业政策现在还是以制造厂来管理生产资质，这就给采取代工合作模式的新创企业带来了很多不必要的困扰。建议国家在这方面放开资质审核，这样既符合经济理性，又符合现在中央关于去产能、去库存的整体战略部署。

中国汽车产业太需要创新了，而创新的前提是国家要给创新的企业和企业家创造一个宽松的创新环境。从这个意义上讲，政府的改革重点就是要释放创新活力，提高生产力。

如果政府在推行汽车产业改革方面，依然对汽车资质和产品认证不放开的话，那么中国汽车产业由大变强就是很困难的，政府在这方面责无旁贷。对于跨界造车，政府都应该放行，而且已经是势在必行了！希望官产学研用加强联合，再借助媒体的力量，一起呼吁推动政府改革。

院长心声 总理提出“大众创业、万众创新”，核心就是要破除一切束缚发展的体制机制障碍，推动国人的创业与创新。实际上，像互联网造车这种跨界行为，也是在响应国家的号召，实实在在地参与创新、寻求突破。国家理应为其创造适宜的条件，否则创新就会失去赖以生存的土壤。像资质问题，又和品牌问题联系在一起，而品牌是企业文化的象征和传承。在这方面，建议国家给新入跨界企业“开绿灯”，尽早放行。

05 低速电动车

政府应引导低速电动车良性发展

近十几年，全国自下而上的绿色出行解决方案层出不穷，一浪更超一浪。比如说电动自行车、电动摩托车和低速电动车，在某些地区形成了巨大的市场。这些产品不符合目前的政策法规和技术标准的要求，也不符合各部门的管理规定，理论上是应该被禁止的，但是由于规模巨大，多年来管理缺失，一直屡禁不止，所以目前处于一种束手无策的尴尬局面。

值得注意的是，日本近几年来也一直考虑在特定场合使用低速电动车。今年日本东京汽车展上，出现了各种各样的低速电动车。政府推动的积极性很高，企业开发的积极性也很高，市场更是很有期待，形成了很融洽的局面。而在中国，政府部门不同意低速电动车发展，但是有企业在做，有消费者在使用，局面完全不同。

中国是否应该发展低速电动汽车，关键在于有几个判断先要理清。第一是有没有必要引导；第二是用什么样的办法进行规范；第三更重要的是有没有一种担当，为发展相对落后地区的消费者和一些特殊的人群，提供改善出行条件的可能，让他们都能有“改革成果的获得感”。政府是有责任为更广大的出行不便的人群考虑的，这不仅是技术的问题，也不仅是管理的问题，更应上升到改革成果如何公平分配的问题。如果我们不拿出一个办法，不进行规范化的引导，将来的局面将更加难以收拾。

我们对于低速电动车不能再熟视无睹了，必须拿出良策来引导其良性发展。当然，现在低速电动车的状况不是未来技术进步的方向，但这是必须要解决的问题，而不是我们选择忽视低速电动车的借口。哪些是必须满足的要求，哪些是可以放低的要求，应该有一个明确的说法。同时，中国的情况和国际上很多国家相似，它们的经验和探讨我们都可以借鉴，我们也可以通过交流的方式来确定自己未来的发展方向。

院长心声

在日本，时速60公里以下的电动车，有的连玻璃都没有装，而且比电动自行车或者电动摩托车安全得多。如果说日本和欧洲都能接受这样的电动车，那我们为什么接受不了？

政府各个部门应该站在更高的高度，从改革开放成果共享的角度，也从满足收入相对较低的国民群体更便利、更有尊严、更有档次的出行需求的角度，尽快对低速电动车给出一个明确的说法。如果现在的低速电动车标准不够高，我们可以适当地提高标准。否则消费者有这种需求，我们熟视无睹，长期下去，对于消费者来说是不负责任的，对于整个汽车社会的健康发展也是不负责任的，因为出行代表着一个国家和一个民族进步的程度。

因此，既要尊重消费者的需求和改革成果的分享，又要考虑到国家能源战略，以及未来技术发展的可持续性；既不能对低成本电动车的庞大市场需求熟视无睹，又应该适当提高标准，以利于长期健康发展，并为新能源汽车产业助力。

06 限行限购

限购不利于汽车产业长期发展

限行对整个汽车市场作用有限，不太会影响购买，但是限购的影响会比较大。限购对短期市场有促进作用，哪个城市要限购，这个城市及其周边的城市，甚至和其状态差不多的城市里，就会出现购买热潮，消费者提前购车，以作储备。但是限购对于长期市场是有消极影响的，限购会导致千人汽车保有量的饱和点下降。正常情况下，中国千人汽车保有量的饱和点应该可以达到 500 辆，但如果很多城市都采取限购措施，可能千人汽车保有量达到 300 辆就不会再向上增长了，这对于汽车市场的长期发展是非常不利的。现在的限购措施作为行政手段，其实也是没有办法的办法，远非上策。应该尽快采取一些其他合理措施，以替代限购政策，比如出台停车法，规定停车入位，在家里有车位才可以买车，在单位有车位才可以开车上班。如果有这样的政策，就可以不必采取限购措施。

国际上和我们类似的国家早有先例，像日本、新加坡的车辆管理都做得很好。在这些国家，买车必须要证明拥有车位或者可以租到车位，而且开具假车位证明是要负法律责任的。出台类似的要求停车入位的法律，可能是目前手段最灵活、短期效果最好的一种办法。当然这在一定程度上也会影响国民的汽车消费。另外，如果出台了停车法就必须执行到位。实际上，北京曾经推行过买车必须要有停车位的政策，但是假停车位证明泛滥，这个政策完全没有起到应有的作用。

院长心声

13亿国民都要实现中国梦，而对于很多人来说，中国梦的一部分就是汽车梦。老百姓有钱了，想购车改善生活，这是无可厚非的，所以限购是不合理的。从国家到地方，政府理应更有作为，采取更有效的措施，解决交通拥堵和停车困难的问题，系统地改变城市交通状况，而不是简单的限购，从而确保汽车产业的健康发展。

当然，汽车产业是一个系统工程，不是本身想发展就可以，而是需要能源、环境、交通等多方面要素与其相匹配，一起协调发展，这样，整个汽车产业才能可持续地健康发展。

三、市场前景

01 发展空间

汽车产业进入平稳增长期

2015 年 1—9 月汽车市场较为低迷，一直到 10 月才有所好转，这是近年来少有的情况。出现这种情况的主要原因是输入性因素。

第一个因素，三产结构调整。服务业比重逐渐扩大，制造业比重逐渐变小。

第二个因素，政策导向。一方面对传统汽车限行限购抑制了原本应有的需求增量。另一方面，新能源汽车得到国家和地方政府的高额补贴及许多优惠政策，发展非常迅速。数据显示，到 2015 年 10 月底，新能源汽车当年累计产销量超过 20 万辆，与去年相比增幅高达 300%。其中纯电动汽车增幅更大，接近 400%，插电式混合动力汽车增幅接近 200%。传统汽车与新能源汽车销量呈现此消彼长的态势。

第三个因素，股市波动刺激经济脱实向虚。这导致汽车产业的资金链自今年以来一直比较紧张。

第四个因素，市场容量趋窄，价格战全面爆发，企业效益下滑。最值得关注的是，一些历来对价格战不屑一顾的合资品牌现在也通过官方公开降价，参与到它们曾经认为是低水平的竞争中来。

第五个因素，消费者心理预期发生变化。买涨不买降，老百姓推迟消费的情绪在蔓延。

第六个因素，汽车市场结构变化，内生性增长逐渐成为主流。据统计，今年一些大城市二手车销量已接近新车。这说明市场结构在改变，更新购车量将逐步接近首次购车量，汽车销量正从新增量为主向新增量和存量置换共存的局面发展。

第七个因素，产能过剩。各级政府盲目追求产值，积极引进车企项目，汽车企业也迎合地方政府，争取优惠条件，从而造成了产能相对过剩的局面。

综合以上七个因素，汽车工业已进入高技术低增长的状态。预计今后中国汽车市场将从高速发展转变为中低速发展，形成一种新常态。未来汽车销量增长率高于 GDP 增速的规律可能逐渐失效，或者说汽车产业的增幅不能再以 GDP 增速为参照了。实际上，基本保持和 GDP 同等速度发展的趋势就是比较平稳的增长了。

中国汽车市场还将持续增长

参照国际上其他国家的发展规律，中国汽车市场至少还有 20 年才会达到饱和点。20 年中，前 10 年销量还会继续保持快速增长，后 10 年增长速度则会大大下降，但是最终的保有量很难预测。发达国家千人汽车保有量水平分为三个层次：最高水平是美国，千人汽车保有量为 800 辆以上；多数发达国家处于中间水平，千人汽车保有量为 600 辆左右；最低水平的发达国家，比如丹麦，其千人汽车保有量也接近 500 辆。中国很难达到美国的水平，因为美国国土面积和我们相当，但是人口比我们少很多。我们有可能达到的是欧洲和日本的水平。

实际上，千人汽车保有量饱和点的决定因素是国家的人口密度。人口密度越高，千人汽车保有量越低；人口密度越低，千人汽车保有量越高，二者成反比。因为一定土地面积上可以停放的车辆有限，人口密度太高就会出现停车位不足的现象。日本千人汽车保有量为 600 辆，但东京的千人汽车保有量却不到 400 辆，小城市的千人汽车保有量则可达到 700 辆。中国东部的人口密度和日本差不多，所以理论上可以达到日本的水平。这是一个客观规律，违背它就会遭到惩罚，所以国家应该顺应这个规律。

要达到千人汽车保有量 600 辆这个指标，中国汽车的年销量应该在 6000 万辆左右。即使按照丹麦的保有量水平计算，也应该在 5000 万辆左右，也就是达到千人汽车保有量 500 辆的水平，这是完全可能的。按此测算，预计需要 15 年，也就是 2030 年前后可以达到饱和点。而如果按照千人汽车保有量 600 辆计算，预计需要 20 年。也就是说，中国汽车市场还将有较长时间的增长期。

汽车普及的重点在三四线城市

未来中国汽车的普及主要不在北京、上海这种大都市，它们的增长空间确实没有这么大，因为没有停车位，汽车保有量就无法进一步提高，但是中小城市会有更好的发展。另外，汽车产业的发展前景与未来城镇化的进程和状态也有很大关系。如果将来中国城市都发展成类似北京、上海这样的大都市，千人汽车保有量就达不到丹麦 500 辆的水平，像日本东京千人汽车保有量就不到 400 辆，这还是车辆管理政策比较到位之后才达到的水平。

随着人均 GDP 水平的提高，大量人口都挤到北上广深等大城市的情况会逐渐有所改变，小城市的生活也相当不错，生活状态是完全不一样的。未来可能会有更多人不愿意挤在大城市，而是愿意在小城市生活。小城市的人口密度没有那么高，千人汽车保有量就会提升到比较高的水平。

院长心声 中国汽车企业应该充分认识到，即使中国市场再大，也要放眼世界。特别是还有很多发展中国家和中国三四线城市的消费水平接近，这些国家的市场对于中国汽车企业来说都是很大的机会。

02 细分市场

自主品牌轿车压力大，SUV 仍有增长空间

总体来讲，自主品牌面对的市场压力还是比较大的。根据近几年的数据，自主品牌主要的增长来自 SUV，而轿车销量的增速比较慢，市场份额的下滑也比较明显。今年哪家自主品牌企业能推出竞争力较强的 SUV 产品，哪家企业的销售情况相对就会比较好，否则可能就比较艰难。因为自主品牌轿车市场份额的下行，可能还会持续一段时间。

SUV 市场至少还有几年的增长期，这取决于 SUV 销量占乘用车销量百分比的饱和点在哪里。世界各国汽车市场占主导的基本上都是小车，唯独美国是大车。而中国汽车市场上占主导的车型大小仅次于美国，比其他国家都要大，这说明中国消费者的消费行为和心理更接近于美国消费者。因此，预计中国 SUV 占比的饱和点水平可能最像美国。与美国 SUV 销量占乘用车市场的比例相比，中国还有很大的差距，所以中国 SUV 市场还会有几年的增长期。

各国车系各有特色

在中国表现比较突出的三个车系是日系、德系、韩系，这三个车系有明显的性格特点。美系和法系车做得也不错，但是不像前三者那么突出。德系车最让中国消费者满意的是产品技术含量高，这也是德系车未来一定要保持的竞争优势。日系车的特点在于制造精细，产品缺陷少，可靠性高，也很省油。而韩系车的特点是性价比高，在质量和外观都不错的前提下价格比较低，消费者在技术含量上对其没有过多的要求。

消费者是千差万别的，有的人追求产品技术高，有的人追求制造缺陷少、省油，有的人追求性价比高，所以各系车企都能拥有各自的受众，未来预计它们也都将继续保持各自的特点和优势。自主品牌企业现阶段最应该学习的是韩国现代，因为它的发展历程和经验最适合我们借鉴。

院长心声

SUV的热销引人瞩目，各整车厂无不急切地希望推出相应的SUV产品。但实际上，今年能在市场上推出SUV，是来自于企业三年前的战略规划和对市场的准确预判。

四、技术路线

01 汽车低碳化

低碳化是无法回避的历史使命

发达国家希望以碳排放来约束中国政府制定新的环保规则，从而对中国经济的可持续发展、竞争力的不断提升产生影响。不过，从全球视角来看，中国目前已经成为碳排放量最大的国家，碳排放量相当于美国和欧洲的总和，这是一个基本事实。作为一个世界大国，中国理应对我们赖以生存的地球承担相应的责任和义务。关键在于我们必须在控制碳排放的同时，努力保证经济发展不受影响，这正是我们无法回避的历史使命。

另一方面，如果我们能建立起低碳化的运营模式，将不仅能使产品在使用过程中节能减排，更能确保产品全生命周期和产业全价值链的节能减排。在这样的情况下，我们的社会最终是受益的，我们的企业也将是受益的。企业按照低碳化目标，实现更精益化的运营管理，以及低碳的产品设计、制造、销售、服务和回收再利用，就可以不断降低单位GDP的能源消耗和污染物排放，这对于企业来说也将是转型升级的绝佳发展机遇。

低碳化与降油耗的关系

当前，中国汽车产业面临四个方面的严峻挑战：低碳化、信息化、智能化和高品质。其中，低碳化是至关重要的一环。

低碳化和降油耗既紧密相关，又有所不同。一方面，低碳化不仅是能耗问题，更是一个环境问题，也可以说是一个综合性的社会问题；而降油耗就是能耗问题。另一方面，两者的差别在于单一的产品使用过程和产品全生命周期之间的差别。油耗指的就是一辆车所消耗的燃料，只聚焦于汽车使用环节，也就是从油箱到车轮的过程；而二氧化碳排放则与企业的全价值链和业务链相关，从产品开始定义、研发，到生产、销售与服务，再到二手车，甚至之后的回收再利用，这一系列环节都产生碳排放。例如，报废车辆的钢铁经过回收，再由另外一辆车使用，这个过程中产生的二氧化碳，在油耗法规里是没有考虑和体现的。

所以，碳排放不只是油箱到车轮的问题，也包括了油井到油箱再到车轮的全过程，就是所谓的 well to wheel（油井到车轮），这是一个远为宽泛的指标。实际上，一个国家用什么样的指标来规范和要求经济行为和社会行为，所产生的影响是完全不同的。汽车产业应当从当前聚焦于控制车辆的油耗，向控制能源和环境的综合性产品指标来转变，必须采取更加系统和严密的措施来控制碳排放。

新能源汽车能否低碳有先决条件

首先要清楚生产电能也是有碳排放的，按照国际电网的平均碳排放标准，分界线是每千瓦时 558 克二氧化碳，排放在此之上的是高碳电，在此之下的是低碳电。而我们国家的电能当前主要以煤电为主，是典型的高碳电，每千瓦时电能需要排放 752 克二氧化碳，高于界限标准值约35%。

测算表明，一辆插电式混合动力汽车，在纯电行驶里程为50公里的情况下，按照中国现在的高碳电状态，每公里折算下来要排放二氧化碳116克，而纯电动车则是每公里排放二氧化碳120克。相比之下，按照欧洲的电能情况，同样的插电式混合动力车每公里的碳排放仅为99克，而纯电动车则可以达到89克。到2021年，欧洲准备实施的标准是每公里排放95克二氧化碳。也就是说，欧洲使用插电式混动或者纯电动车就能够满足未来的碳排放要求；而中国即使全面推广插电式和纯电动车，也还远不能达标。

也就是说，如果不改变我国的电能结构，比如大力发展风能、太阳能、核能等低碳电，即使大量普及了新能源汽车，也仅仅是实现了油箱（或者更准确地说是电池）到车轮的低碳，但是从油井（也就是发电）到车轮的整个过程，仍然是高碳的。

外国品牌应为中国低碳化做出更大贡献

外国品牌同样表示四阶段油耗法规很难，准确地讲，其实是对于它们目前在中国销售的产品来说比较难。无论是欧洲、美国还是日本，如果能满足本国现行的油耗法规，那么应对我国第四阶段的油耗法规都是没问题的。关键在于这些企业在中国的产品布局和技术引进，如果只推行利润高的较大车型，并且不愿增加成本采用先进节能技术，那自然很难达标。

中国政府已经向全世界做出了减少碳排放的承诺。外国品牌汽车产品在中国产销，消耗中国的资源，占用中国的碳排放指标，就应该履行中国政府所规定的减碳义务。实际上，技术先进的外国品牌在中国更应该成为推进低碳的表率、关爱环境的榜样，而不是引导中国的用户都开高油耗的大型汽车，这显然不是国际化大公司应有的形象。因此，外国品牌企业没有理由说5升油耗法规太难，而是应该切切实实地调整自己在华销售的车型和技术，做中国汽车低碳化的领跑者，否则我们背负着必须完成的碳排放指标，而它们把利润都赚回去了，这是不合理的逻辑。

低碳汽车社会需要技术融合发展

当前第四次工业革命正在到来，工业化与信息化的融合技术不断涌现和发展起来，而低碳化和信息化、智能化技术协同并进，将有助于汽车产品在使用过程中实现更大程度的低碳化和降油耗。

例如，如果汽车在高速公路上都能够自动编队行驶，前面一辆车就可以有效阻挡住后面车辆的风阻，使后车在低风阻的环境下行进，这可以降低很多油耗。又如，我们现在有 Start-Stop 技术，由于不确定停车的时间，往往频繁地启停，这样并不会节油，而如果有智能化控制就可以解决这个问题。未来城市的红绿灯可以发射信号，自动告知驶近的车辆，红灯到绿灯还需要100秒，此时车辆就应该 Stop；反之，如果还有10秒红灯就要变绿灯了，车辆就不必 stop，这种信息化技术对于车辆的节油会有很大的帮助。

另外，通过智能技术如果能够真正实现车辆不发生碰撞，就可以减少高强度钢板的使用，而轻量化对节油的贡献就可以体现出来。还有可以通过 GPS 和自学习来识别路况，随时获取路段信息，感知风速和风向变化，相应地实时进行车速的调整和档位的选择等。这些措施都能够实现很好的节油效果。

当然，最重要的还是，大家都能秉承低碳和绿色的思想来工作和生活，做真正的低碳公民。因为各种节能技术都是有代价的，信息技术和智能技术也同样要增加成本。因此只有广大消费者都理解我们的能耗压力，关爱我们的环境，愿意为成本较高但低碳的汽车买单，才能真正解决最难的成本压力问题，各种技术的协同创新、融合发展也才更容易实现。

院长心声

碳排放不仅关系到中国汽车产业的可持续发展和国计民生，也关系到未来中国作为一个大国在世界上的政治地位和话语权。中国已经承诺到2030年碳排放的增量要为零，也就是说届时中国经济要么不再发展，要么就必须依靠大量的节能技术把碳排放增量的损失弥补掉，最后实现盈亏平衡，从而持续发展。由此看来，对于整个中国制造业，尤其是作为能耗大户的汽车产业来说，低碳确实是一个空前严峻的挑战。

碳排放与化石燃料直接相关，所以又涉及油耗的问题。两者之间最大的区别在于，碳排放是从整个生命周期来考察节能减排，而油耗更多的只是从使用阶段来考察，这其中有质的区别。企业必须实现百公里5升油耗，以满足国家法规，确保产品竞争力；而国家则要考虑如何进入低碳社会，各个环节应该如何为低碳目标服务。

从全生命周期的角度来看，电动车的碳排放在很大程度上取决于电能本身的碳排放，如果发电过程碳排放很高，即使发展新能源汽车，也只是表面的“绿色”，并不能真正减碳。

对我们来说，碳排放在短期内是一种压力，长期看则是增强整个制造业竞争力的契机。从产品全生命周期和产业全价值链的角度来思考和实施低碳工程，中国制造业将来参与国际竞争时就会有更大的优势。减少碳排放表面上是国家的事情，是中国的国际承诺，实际上还是企业的事情，因为最终必须体现为消费者实实在在能够买到和使用低碳产品。

低碳既是挑战也是机遇。中国作为大国就要负起大国的责任，而我们每一个国民，也有义务成为低碳的公民，承担起各自的责任。实际上，低碳绝不仅仅是一个简单的节能问题，更是整个人类社会可持续发展的保障，无论是国家还是企业，都应该站在这样的高度，从整个产业生态链和产品全生命周期的角度来思考节能和减排。

02 汽车节能

四阶段油耗法规势在必行

推行5升油耗法规无论是对于国际还是国内、国家还是企业来说，都是非常必要的。

从国际角度看，百公里5升油耗折合成二氧化碳排放就是117克，与目前欧洲标准要求的120克大致相当。可这117克的标准是我们要到2020年实现的，而那时欧洲的标准已经是95克了。如果我们不向着这个方向努力，还是在百公里6.9升油，也就是162克碳左右徘徊，那和95克的欧洲标准就要相差近70克二氧化碳，这显然是不能接受的。

从国家情况看，中国石油严重依赖进口，2014年石油对外依存度高达59.6%。到2020年，我国原油的年消费量预计要达到5.5亿吨。如果按照三阶段油耗标准，这5.5亿吨原油中要有4亿吨被汽车消耗掉；如果按照四阶段油耗标准，消耗量大致是2.4亿吨左右，这对于国家能源战略有非常大的影响。

再从企业方面来看，高效率是企业产品创新、技术发展的最大动力。这个动力除了来自于国家法规和竞争对手的压力，消费者的需求也是很重要的一个方面。油耗和排放不一样，消费者对于减排不见得愿意买单，但肯定喜欢低油耗的车型。因此，满足5升油耗也是企业打造核心竞争力、满足客户需求的必然选择。

四阶段油耗法规达标的难点

要满足四阶段5升油耗标准，主要有五个难点：

第一，时间紧张。一款车的开发周期大致需要42个月，如果动力总成是全新开发，也有可能需要60个月。也就是说，2016年投产的车型，应该是在60个月以前就按照新的标准去策划才行。而现在开始策划开发的车型，则要到2019年或2020年才可以投产。

第二，产品单一。欧洲目前基本上汽油车和柴油车各占50%，而我们只有汽油车，没有柴油车。汽油车和柴油车效率差15%、油耗差30%。我们四阶段油耗限值折算起来约相当于欧洲目前的标准，但是我们要使半数汽油车达到与柴油车差不多的油耗水平，难度很大。

第三，技术局限。以前我们的企业大多只关注开发车型产品，而对储备关键技术不够重视，因此技术积累相对来说比较少。而技术开发也需要时间。

第四，成本压力。天下没有免费的午餐。按照现在的情况，百公里每降低0.1升油，大致就要增加500元的成本。一辆车要从6.9升降到5升，就是将近一万元的成本增量。而自主品牌乘用车产品如果加价一万元，消费者恐怕很难买单。

第五，关键零部件缺失。所谓“巧妇难为无米之炊”，降油耗技术像汽油直喷、轻量化等，都需要关键零部件来支撑，而中国在这方面还远远没有做好准备。

四阶段油耗法规达标的途径

尽管困难重重，但是从技术角度来说，实现百公里5升油耗还是可以达到的。短期内最现实的对策有两个：其一是努力把内燃机效率提升上去，比如将汽油机的效率提高到38%。然后再加上一些弱混合，如做48伏系统，可以降12%～15%的油耗。这样大致就可以达标了。其二就是做好产品组合，如储备新能源汽车。因为四阶段油耗标准对新能源汽车有一定的优惠折算。

需要注意的是，对于产品布局，企业必须要有顶层设计，提前进行整体的系统策划。按一般三年的产品开发周期计，逐次规划定义好后续上市投放的产品。根据四阶段法规，油耗限值 2016 年要降低 3%，2017 年要降低 4%，2018 年降低 6%，2019 年降低 8%，而 2020 年则要降低 9%，是一个收紧趋势逐渐加严的过程。企业应据此有针对性地规划。预计最艰难的转折点可能会是 2019 年，之后到 2020 年企业就必须拿出完全 5 升油耗的产品了。如果按照前面提及的两条对策，并确保现在规划的产品在 2019 年或 2018 年年底前实现投产，那么企业还是很有希望达标的。

共性基础技术至关重要

对于一辆车的油耗达标，在欧美 50% 要靠整车的贡献，包括降风阻、减少摩擦损失和轻量化等，其余的 50% 才是动力总成优化的贡献。而我国目前差不多 70% 要靠动力，其余 30% 才是整车共性技术的贡献。这也恰恰反证了，我们在整车共性低碳化技术方面做得还很不到位。

以轻量化为例，数据表明，目前我国整车的整备质量普遍比国外同级别的车型重 15% ~20%，甚至更高。而一辆车假如减重 100 千克，平均每百公里就可以节约 0.55 升油，这是按照标准循环工况测试得到的数据，在实际使用中车辆节省的油可能更多。

又如对空气阻力方面，当前，我国汽车市场上 SUV 和 MPV 热度空前，一些轿车在造型上也追求 SUV 的风格，对节能考虑不足，大大增加了车辆的正面迎风面积和风阻系数。根据统计数据，目前我国自主品牌的车型通常风阻系数在 0.35 左右，而外国品牌的车型平均只有约 0.25。

从这个角度来说，建议我国油耗法规应该借鉴美国标准，以“脚印”也就是车辆的正投影替代重量作为评价基准。目前在我国油耗限值标准中，横轴是重量，纵轴是油耗限值，没有控制投影面积，更不控制车辆体积，同时也不控制发动机的排量大小。而美国的法规有三大维度，其一是发动机的排量，其二是“脚印”，其三是车辆所占空间。这三项指标中有任何一个超标，这款车都可能被归入高油耗的车型。

除了轻量化和降低风阻以外，还有很多其他共性的基础技术也不容忽视，比如我们的制动钳，由于间隙和质量控制得不是很好，制动时大多数时间里都处于“弱制动”状态，产生了很大的阻力，相应的油耗也很高。再如我们整车装配质量不佳，也造成车辆的滑行阻力大、滑行距离短，存在着油耗的浪费。总之，汽车节能是一个系统的问题，只有产品品质提高了，汽车才有可能真正做到节能。

五阶段油耗法规需要未雨绸缪

对于国家而言，建议尽快公布第五阶段油耗限值标准，否则又将面对新的时间难题，因为企业不知道应该准备什么技术来应对五阶段法规。预计五阶段要降到百公里 4 升油，约接近于 95 克碳，这个压力非常大。当然，政府更应从全局出发，站在整个中国 GDP 能耗分配的角度，来考虑发展汽车产业可以承受的能耗上限，也就是从中国政府减少碳排放的承诺出发，倒推确定这个数值。

对于企业来说，现在就要未雨绸缪，应该按照自己预估的数值去提前储备产品和技术。从这个角度讲，企业与其预测油耗标准降低不会太多，不如预测可能要降到比 4 升更低，这样做足准备才不会陷入被动。企业策划四阶段油耗技术时，必须考虑在五阶段的延展性。毕竟四阶段和五阶段加起来也只有十年，四阶段就必须为第五阶段做好储备。在这方面，大的技术方向一定要选对，通过技术的模块化、结构的模块化，确保新版本的新技术能够不断添加到产品中，这样才能满足五阶段标准。

油耗法规是否抑制 SUV 取决于政府决心

尽管SUV的自重及迎风面积比较大，导致其油耗水平与同级别轿车相比存在劣势，但从消费者的角度来讲，只要车能给他们带来满足感，多花点钱是没有问题的。关键是从生产者的角度考虑：SUV要如何满足5升/百公里的油耗法规。这还要看国家的具体政策及执行力度。如果采取罚款的方式，政府罚了企业，同时消费者愿意付更多的钱，那企业就可以将罚款转嫁给消费者，5升/百公里的油耗标准可能就无法达到了。如果政府采用行政手段，不是罚款而是勒令无法达标的企业停产，这样企业可能就不得不调整产品线，SUV占乘用车市场的比重就会受到影响。因此，主要还是看政府的决心和态度。

要确保中国汽车工业的可持续发展，5升/百公里油耗法规执行到位是非常必要的。这意味着到2020年，中国的汽车保有量可以翻一番，同时油耗基本保持在现在的水平。这样能源供应和城市污染的压力都会大大减小，所以政府理应强力推行到位。

应让企业自主选择技术路线

国家提出第四阶段5升/百公里和第五阶段4升/百公里的油耗限值标准，不是在给汽车产业出难题，而是从能源供给侧的实际状况反推，对汽车产业能耗目标给出的最高限度。这个指标是不能改变的，如果要发展汽车产业，就必须遵循这个原则。在这样的情况下，必须考虑各种节能技术路线，必须另辟蹊径，用其他办法来解决。观察德国和日本的国家战略，它们都在考虑与传统能源不同的新的发展战略。政府应该做的其实就是三件事：第一，提出总体的目标；第二，对能耗指标做具体的限定；第三，尽量营造市场化运营的良好环境。

发达国家的政府极少对企业的创新活动做出干涉，企业到底采用什么样的技术路线，政府对此没有明确的约束。同时，充分发挥企业作为市场竞争主体的作用，让企业选择适合自己的技术创新方向、技术路线组合以及创新要素配置方案。这些都要企业在市场环境中自主选择，并且接受市场的检验。因此，面对严苛的四阶段、五阶段油耗法规，最佳的解决方案就是，政府做好政府的事情，发挥好市场对于企业的调节引导作用，让企业充分发挥其创新能力，朝着政府制定的目标去解决问题，实现确保国家能源安全的最终目的。

院长心声

虽然2020年5升油耗刚刚执行在即，但同时2025年也没有那么遥远。政府如果不尽早出台法规，到时候还是会像现在面对5升油耗一样，让很多企业手忙脚乱，导致很多有效的技术战略没有时间落地。而企业方面，也应该有充分的心理准备，必须认识到2025年很快就会到来，政府的法规标准以及执法一定都会更严格，因此无论国家法规何时发布，企业都应该提前预判战略目标，在为四阶段努力的同时就要为五阶段做好储备。

在2020年5升/百公里油耗限值的基础上，“中国制造2025”已经明确提出到2025年要做到4升/百公里，这既是对技术的挑战，又是对消费者承受能力的挑战，更是对企业技术储备和开发能力的挑战。

5升、4升油耗限值，是国家从总体能源战略出发制定的目标。我们的能源容量就这么大，能分给汽车产业的就这么多，所以对于国家油耗法规本身不应该质疑，汽车产业必须全力以赴、满足法规。

但是国家不应规定具体的节能技术路线，只要把能耗目标制定好，产业政策制定好，同时营造良好的商业环境，最后就是让企业“八仙过海、各显其能”了。具体的技术路线应该是企业根据市场需求、自身技术储备以及开发能力、成本承载能力等来自主决定的。这才是我们产业健康发展的核心。

节能的挑战是永恒的话题，并且这个挑战会越来越大，但同时这也给我们的技术开发者提供了更多科技攻关的动力和机会。未来中国的汽车油耗法规将越来越严，消费者也将越来越挑剔，但最终落脚点都将聚焦在建立节约型社会上。唯有如此，才能既实现广大国民都拥有汽车的中国梦，又让我们的汽车社会更加和谐。

汽车产品节能减排是一项复杂的系统工程，不单单在于汽车本身，还需要智能交通的环境，以及崇尚低碳生活的文化，如此才能真正实现全面的节能环保，构建起节约型的和谐社会。

03 汽车环保

机动车发展与城市污染源

在中国的大城市中，机动车排放大概在污染中占到什么比例？以北京为例，北京是全国机动车保有量最大的城市。常规污染物主要有一氧化碳、碳氢化合物、氮氧化物、颗粒物这四项。其中，机动车对一氧化碳的分担率超过86%，碳氢化合物的分担率超过40%，氮氧化物的分担率超过50%，颗粒物方面PM2.5的浓度分担率大概是30%。总体来说，在北京机动车排放是排在第一位的污染源。北京在中国大中城市中具有代表性，其他一些城市，机动车即使不是公认的第一位污染源，也是第二位的。

从国际横向比较来看，关于机动车对于污染的分担率，北京和其他国际大都市的情况及趋势也是相似的。未来，随着城市建设进程的完成，工业企业的搬迁，燃煤污染的治理，以及“煤改气”等措施的推进，工业和燃煤的污染总量将持续下降，因此尽管机动车的排放绝对总量也会下降，但机动车的分担率还可能会上升。

此外，不能误认为轿车的排放量非常少，我们不用过于严苛。还以北京为例，其他城市也是相近的，碳氢化合物方面，机动车分担率达到40%左右，其中九成都是轿车排放的；氮氧化物分担率在50%左右，其中六成是重型车排放的，四成是汽油小轿车排放的。所以无论轻型车还是重型车，都是不可忽视的污染源。

对汽油小客车来讲，确实从欧0到欧5，污染物的排放总量下降了90%以上。自汽车从化油器改成电喷加净化器以后，每个阶段实施新标准，污染物就能下降30%~50%。而重型柴油车，从开始执行国3标准，采取了电喷加高压共轨这些措施以后，也能基本保证车辆不冒烟了。但这并不是说机动车就不是问题了，这是两个概念。

实际上排放量确实比原来低了很多，但是要达到所要求的排放物限值也严格多了。而且机动车实现低排放是有条件制约的，首先油品必须合格。还有除了4种常规污染物，化石燃料燃烧的产物还有很多，比如苯、醛等，都是环境污染物。另外，在天气比较冷的情况下，低温时污染物的排放量大概也是常温的10倍以上。因此，机动车的排放治理还有很多工作要做。

中国工况呼之欲出

目前国家已经启动了制定中国工况的项目，不过一个工况的制定过程是漫长的。欧洲未来将实施新的WLTP工况，以取代原来的NEDC工况，而它们的工况制定工作前后持续了七八年，到现在也还没有最后敲定。WLTP 工况原来设想在 2017 年投入使用，现在最新消息说也有可能会推迟到 2020 年前后。同样地，中国工况的制定也还要持续较长的一段时间，因为制定工况确实是一个非常复杂的问题。

欧洲虽然给新工况起了一个动听的名字“世界轻型车工况”，但是，全世界的道路情况肯定不会是一样的，要用一个标准把它统一起来，难度很大。接近欧洲的工况，美国就没有办法参加；接近美国的工况，欧洲也不会接受。无论倾向于哪个工况更加合适，背后都牵扯到巨大的利益，争论在所难免。

对于产业规模全球最大的中国来说，也理应制定具有本国特色的中国工况。目前大家都比较有共识的就是，要赶紧开发中国工况，来满足我国 6 阶段标准的需求。现在是 2015 年，大家抓紧时间，是有可能在推行国 6 之前制定出中国工况的。届时无论车辆的排放标准还是油耗标准，都可以统一到中国工况上。

无论是哪个体系下的工况，要跟该国或该地区的每座城市车辆行驶状况完全一致，是不可能的。美国选择的典型城市可能是纽约，欧洲选用的是巴黎，日本选用的是东京，然后再根据本国其他城市做一些修正。在中国比较典型的城市是北京，因此在中国工况里面，北京所占的参考比重会比较大。

城市污染治理需要区域联动

机动车在北京 PM2.5 中的分担率大概是 30% 左右，如果考虑外来污染物的影响，本地机动车的分担率还会下降一点，在 20% 左右。因为外来的污染大概能占 30% 左右，这部分以河北为主，主要污染源是燃煤，这种区域传输在所难免。但总的来说，北京 70% 的污染还是本地造成的。因此毋庸置疑，控制本地的污染仍需要加大力度。

同时，周边区域的污染也需要加强控制，避免区域传输对北京产生影响。因此，现在环保的重点地区，包括京津冀、长三角和珠三角，都明确要开始区域管控了，从各个领域，涵盖车、煤、工业等多个方面实施。这次新颁布的《大气法》，将从2016年1月1日起实施，其中就包含了针对重点区域的专门章节，也就是说，要控制区域污染。今后在一定区域内不仅要统一标准、提高标准，还要做到交叉执法、跨区执法、联合执法，目的就是要解决区域污染的问题，各个领域、各个方面都要采取措施，才能够最终解决问题。

治理污染需要立法与执法同步

要取得良好的机动车排放治理效果，不仅要加强立法，包括法律和标准，以及强制性的技术法规等，还要严格执法。坦率地说，目前无论是实施新标准，还是加大在用标准的执法力度方面，都是存在问题的。不过随着今年新《环保法》和明年新《大气法》的实施，总体而言，这方面的执法力度将会逐步加大。

今后在用车方面，包括新车的执法力度需要全面加强。北京在车辆监管方面现在是全国做得最好的，北京环保局机动车排放管理中心拥有全国唯一一家环保系统的实验室，是具有国际水平的型式核准级别的实验室。该中心每年定期在市场上抽查200个车型、600辆左右的车辆进行测试，来监督在北京销售的车辆，无论轻型车、重型车都要求必须达标。相比较而言，其他省市区县的力量比较薄弱。为此，今年6月4日，成立了京津冀晋鲁蒙豫7个省区机动车联合执法办公室，对外地车辆也进行监督。

目前，北京有一支由六七百人组成的在用车排放监管队伍，每个区县都有机动车排放管理站，对重型车入户抽查，对公交环卫车辆还有运输车辆入户检查，对年检厂实施图像监控、数字监控、巡查、遥测对比监控等，对在用小客车实施路检。从目前掌握的情况来看，无论是抽取在用车，还是根据年检的统计情况，汽油小客车达标率都在90%以上。

另外，还有鼓励老旧车淘汰的政策。在奥运会以后，北京出台了鼓励淘汰老旧车辆的政策，车主转出或者报废的，之前是补贴6000～7000元；从今年开始，鼓励直接报废，如果车辆使用8年，而且是国2的车，很难再次出售，残值比较低，市值也就一万元左右，而我们给车主补助的额度在80%～90%之间，也就是八九千块钱。每年北京市财政花10个亿在执行这项政策，世界上没有哪个国家或者城市有这个力度。因此，根据这些年的监管数据看，在用车符合性达标的比例还是比较好的。

中国同样有能力发现“排放门”

大众柴油机“排放门”事件发生以后，无论对车企还是政府都有很大的触动。中国由于车用柴油品质的滞后，造成了客观上中国乘用柴油车比较少。所以这次“排放门”事件对我国的影响应该比较小，在某种程度上这是歪打正着。当然，美国发现“排放门”问题也不是那么简单的，这是加州环保局、国际清洁交通委员会（ICCT）和西弗吉尼亚大学联合攻关了两年的时间，反复研究测试，才最后确认的。这个过程很复杂，要真正找出问题，而且让企业承认，是需要很长时间的认真研究和博弈的。

北京在2008年建立实验室以后，也同样在做这方面的研究，等于是对某些方面实施监管，以及在某种程度上和一些机构和企业进行博弈。因为无论要处罚哪家企业，说它的产品不合格，都需要切实可信的证据，这不是一件容易的事情。以现在实验室的水平，还有相关专家的能力，类似的问题北京环保局也是能够发现的。

院长心声

我们看汽车产业，不能只看到它造成的环境污染和能源消耗。实际上我们是由很小的体量，十年快速跑步进入汽车社会的，短时间内急速膨胀一定会带来一些问题。当然，这些问题我们是必须要解决的。但发达国家能够解决的问题，我们作为后发者，有经验可以借鉴，也有更好的技术和理念，一定可以解决这些汽车社会问题。

近年来雾霾天气日益严重，环境问题受到高度关注，而机动车作为城市的主要污染源之一，其排放治理也成为不容忽视的重要问题。对此，我们需要系统地研究、全面地分析、综合地应对。一方面，我们必须持续提升环境质量。但是另一方面，又必须循序渐进，因为过快升级的排放法规对于本土企业是严峻的挑战，尤其是自主品牌的成本承载力本来就不能与合资品牌相比；而且如果标准无法达到，无论其多么严格，也失去了意义。

环保问题是一个非常敏感而重要的话题，因为它关系到国计民生。从老百姓到国家领导人都要在同样的空气环境下生活，它不仅涉及年轻人，还有老年人，更有新生代。如果我们以及我们的孩子都没有健康的成长环境，就很难有健康的身体，那我们为社会创造物质和精神财富的动力就会变小。因此，治理环境绝对不是暂时的问题，而是需要长期的规划。

目前，国家和地方政府在治理环境污染上表现出坚定的决心。我们在科学立法的同时，也必须加强执法。因为一味地追求推动立法，执法跟不上，很可能事倍功半。同时，环境治理是综合性问题，需要多管齐下。机动车虽然是主要污染源之一，但也只占PM2.5的1/3，剩下的2/3我们也要关注。如果仅仅是机动车排放标准实施了第6甚至第7阶段，而其他方面没有改变，那我们的环境是不会有根本性改观的。保护环境，人人有责，每个行业、每个企业、每个老百姓都应该参与进来，从我做起，从现在做起，未来我们才有可能真正实现显著的环境改善。

04 新能源汽车

新能源汽车未来发展展望

从数据来看，新能源汽车前几年的年销量都只有 1 万多辆，2014 年突然增长到近 8 万辆，这是一个很大的突破，说明国家政策开始发挥作用了。2011 年到 2012 年国家第一轮政策实施时，大家觉得没有起到太大作用，但现在看来，实际上效果还不错。在去年近 8 万辆的销量里，3/4 都来自于第一轮试点的城市。这说明政策的效果还是很明显的，越来越多的机构和消费者开始认同新能源汽车。

不过随着销量的激增，新能源汽车的品质问题变得至关重要。如果产品品质不过关，消费者买车之后发现质量差，可能销售高潮过去后又会重回低谷。所以新能源汽车一定要确保品质过关，这是自主品牌企业应该向合资企业学习的地方，合资企业相对比较扎实，往往不会为了今年多卖 1 万辆车而牺牲产品品质。

未来五年，从需求角度讲，如果产品品质过关，消费者可能对新能源车的接受度会越来越高，从而保持很高的年增长率，但是如果产品品质不过关，消费者使用之后感觉失望，可能销量就会出现一定的下行，所以未来新能源汽车的发展趋势是供需双方共同决定的。

另外还要考虑政府补贴退坡的影响，这与供给和需求都有关系。现在企业是靠政府补贴才能把车卖到消费者可以接受的价格水平，而国家希望新能源汽车销量提高后，企业产品规模提升从而实现成本降低。政府不再补贴后，哪家企业真正实现了成本降低，哪家企业就能在市场竞争中胜出。

从这个角度讲，各地方政府对本地新能源汽车企业的保护危害极大，因为这样很难涌现出一两家优秀的、真正实现规模化的企业。发达国家就没有这种地区市场的割裂，优秀企业可以到各个地区去销售。在统一的市场环境下，五年时间里涌现出年销量达到30万辆、甚至40万辆新能源汽车的企业，是大有可能的。而如果各地为了确保自己的经济增长，都采取地方保护政策，国家政策的力度就会大大削弱。很可能五年之后每个地方的新能源汽车企业的产量都是两三万辆，而没能出现一家大规模的优势企业。这样补贴退坡后，就很难通过规模效应来确保低成本。

新能源汽车事关国家能源安全

“一带一路”战略在很大程度上就是为了确保国家的能源安全。实际上，除了通过国家战略来确保能源安全之外，还可以通过改变国家的能源结构来改善能源安全形势，而且可能成本更低。就改善能源结构方面来说，汽车工业必须承担起很大的责任。目前，汽车产业基本上是进口原油的最大用户，如果能够改变主要消耗石油燃料的能源结构，再加上中国的自有石油以及其他替代性能源，中国能源安全问题就会得到很大的改善。从这个意义上讲，国家下大力气推动新能源汽车的发展，这不仅是节能减排的问题，更重要的是国家能源安全的战略考虑。我们汽车工业自身，也应该从这个角度来认识国家战略。

从未来五年来看，新能源汽车的发展确实存在不确定性。因为五年的时间，如果按照目前的趋势发展，中国的新能源汽车应该能达到百万辆的规模，成本就会下降很多。这样近期的补贴政策就可以影响五年以后的汽车市场。但是补贴不可能永远维系，退坡之后一定要使市场销量和经济规模数量能够相匹配。如果政策定好后，就是机械性地按时退坡，恐怕会有问题。还是应该视情况而定，有一个灵活调整的空间，这需要深入的研究和分析。

对于新能源补贴退坡，一定不能是政府人为地定好政策，而不去考虑市场的情况。实际上，政府出台新能源补贴政策就是为了鼓励一个新产业的成长，但一个新产业的成长不可能像政府所设想的那样，按照每年的平均增速去发展，这就要有一定的调节空间，或者在实行退坡的同时，实施其他辅助政策来弥补补贴退坡的影响。从目前的情况看，补贴退坡如果来得过快，就可能会出现很大的问题。因为当前新能源汽车从单厂的生产规模来说，最多就是 10 万辆，这个产量还不足以实现规模经济效应，使成本显著下降；如果能达到 20 万辆，成本就能下降得很快，但现在还不行。此外，我们的电池也还不过关，动力电池实际上还处在小批量生产阶段，也就是说还没有经过大规模使用的检验，还没有经受数万人、数十万人开着电动车跑两三万公里的真正考验。因此，新能源汽车的补贴退坡要慎重。

互联网与新能源为汽车产业发展插上双翅

当前，我国乃至世界汽车产业处于一个重要的转型期，或者说世界汽车技术进步处于一个重要的转折期，不管是叫第四次工业革命还是叫新一轮科技革命，汽车产业都深受其影响和推动。

第一个方面是互联网。中国是全球人口最多的国家，近 14 亿，95% 以上的人口使用的是汉语，这是互联网得以在中国迅速发展的优势所在。不像欧洲国家，国土既小，民族又多，语言丰富，推广互联网的难度相对较大。实际上，中国现在已经成为网络大国，网络规模和用户数量全球第一，互联网经济这些年来发展得如火如荼，我们的互联网企业也处于全球前列，这些都将为中国发展汽车产业的智能化创造有利条件。

第二个方面是新能源。放眼全球，新能源必将成为未来各国重点研发的领域，这也是中国汽车行业转型升级时必须长远考虑的环节。去年以来，国务院出台了一系列支持和鼓励新能源汽车发展的政策，力度之大令人振奋。对于国家能源战略来说，完全依赖石油是不现实的，现在中国进口石油的比例已经超过了60%的警戒线，带来国家政治、军事、外交等方面一系列错综复杂的变化。国家每年用于采购石油的外汇也非常惊人，而有1/3的石油都消耗在了机动车燃油上面。同时带来了日益严峻的大气污染问题，雾霾肆虐横行。

因此，发展新能源汽车可以说是势在必行。此外，由于中国汽车产业资产负担没有发达的汽车强国重，发展汽车工业的历史较短，积淀也少，转型相对容易，同时我们在新能源技术开发方面可以说基本上与国际处在同一水平。可能个别领域我们稍微弱一些，但在某些领域我们可能还强一些。总体上来说，差距不大。因此，在发展新能源、智能化方面，中国还是具备一定优势的。

节能减排政策管理是综合性的

油耗限值、新能源积分和碳排放管理都是为了使我们的产品结构更低碳化，更节约能源，更保护环境，也更好地应对气候变化等国际问题。对我们国家来讲，这也是一个产业持续竞争力提升的问题。油耗目标管理主要基于内燃机汽车的不断提升和进步，重点是提升传统汽车及其动力系统的效率；二氧化碳温室气体排放的控制也一样。而新能源汽车的配额或者积分管理，则是一种较新的管理制度。从美国的实践情况来看，新能源汽车积分制度在美国加州等地有过尝试，带来的成效很值得我国在未来新能源汽车发展过程中借鉴。

不同办法的作用点和着眼点是不一样的，战略角度也不一样，政府通常是从更高的战略层面上，而不是从技术选择上考虑问题。政府考虑的是制度和创新对我们产业的意义。对于油耗的管理，可能现在还存在一些问题，特别是大众这次“排放门”事件的发生，也表明在油耗的测试方法、测试标准、测试精度、数据质量、产品一致性等方面的监管都还远非尽善尽美。在这个基础上进行的油耗数据管理，不宜将其作用过于绝对化。我们可能需要建立更复杂全面的一套体系，应该更多地在数据质量提升、测试标准完善和对企业产品的行业管理上有所加强，催生真正的技术进步，而不是一味地追求数量的降低。而对于新能源汽车，我们还需要有一个更长效的机制，让大家更有动力去发展，达成国家的战略目标。

院长心声 发展新能源汽车，需要全国一盘棋，必须打造出优势规模企业，而不是进行地方保护，否则对整个国家的产业发展是很不利的。因为，发展新能源车是国家的战略需求，而不是区域性的。

五、融合发展

01 科技革命与产业变革

全新局面：前所未有的历史机遇

中国汽车产业今天面临的历史选择，和过去的选择存在很大的不同。如果说过去中国汽车产业所有的选择，都是在自身发展演变过程中对某一个既定战略的确定和取舍，那么今天，我们必须在世界汽车工业正在发生根本性变革的时期内，做出前瞻而系统的判断和选择。而这个选择将决定未来我们能不能在世界汽车版图中占有生存发展的一席之地。

回顾中国近代史，这是一部多灾多难、落后挨打的屈辱史。而造成这种局面的一个核心原因就在于中华民族在工业革命中缺席了，当时我们是世界工业革命的局外者，甚至连旁观者都不是。正因如此，一百多年前，当欧洲、美国发明创造汽车的时候，中国人连汽车的概念都没有，我们只有牛车、马车！当福特创造出流水线生产方式的时候，我们还是手工作坊！直到 1953 年才诞生了新中国汽车工业，即使如此我们也只是简单的学习者，模仿人家一些简单的工厂设计、建设和生产。而本来应该在随后一轮工业革命中紧跟国外步伐奋起直追之际，又由于“文化大革命”，我们再次缺席了。

中国汽车工业真正迅速发展是在改革开放以后，当然我们在很大程度上仍然是学习者和模仿者。作为落后的一方，我们要学习西方跨国公司已有的研发、制造、营销、品牌、管理等各方面的经验，学习它们造车的流程，更学习它们造车的理念和价值观。在这个过程中，我们只遇到跟随性或者说适应性的选择，而没有面对过战略性的根本改变。

但是现在中国汽车到了面对新一轮产业革命的关键时期了，这也是我们这代汽车人遇到的最大机遇。在这次科技革命中，汽车不会例外，也将发生根本性变革，而此时的中国汽车拥有全球最大的产业规模，并且可以完全开放地参与到这次革命中来，这是中国汽车产业前所未有的历史机遇。当然，这也是前所未有的历史挑战，因为传统汽车产业的那一套体系我们刚刚学会，新的东西又到来了，我们还得重新开始学习。但是，如果中国汽车产业能够抓住这一次历史性的战略机遇，就能真正跟上世界产业革命的步伐，向未来非常令人鼓舞的前景继续迈进。

新一轮科技革命带来的是整个制造业的变革

新一轮科技革命的到来不仅带来了汽车产业的改变，快消、家电以及中国整个制造业都在发生改变。这其中有几点特别值得注意：

第一，很多企业并没有搞明白“互联网+”和“+互联网”的含义，一些传统企业主要是以互联网作为手段，来提升在产品研发、生产、销售、营销、传播各个环节的效率。但是，其产业本质并没有改变，还是一个“+互联网”的结构。而“互联网+”最根本的特征在于重构，重构产品与人、人与人、人与信息、人与社会之间的关系。正因如此，才有了小米想造家电、乐视想造车等跨界行为的出现。实际上，互联网造车不是要做汽车，而是要建立一种新的关系形态。因此，未来社会我们不仅仅要关注自己产品的研发、技术工艺的进步，更应关注人本身关系的变化。

第二，传统汽车企业所提供的产品有哪些用户体验没有考虑到，没有满足用户需求呢？当前汽车急剧增加所带来的环境、能源、安全等问题日益严重，同时，汽车已不再是当初简单的代步工具了，人们对于车的需求已经发生了改变。在这个变化过程中，到底是车企自身先寻求突破与改变来适应社会的变革，还是以人类的需求和渴望来倒逼推动汽车产业的变化？后者的可能性更大。中国汽车工业经过这十几年的发展，我们的思想不能还停留在卖了多少车的层面上，而要着眼于这些车卖出去之后给人类的生活究竟带来了哪些改变。不仅是物质上提供的便利，还应满足人类情感、生活、体验和服务等方面的需求。未来社会将以人为核心，构建起相应的社区经济或共享经济圈，而汽车就是实现这一目标的载体。

第三，纵观中国汽车工业这么多年的发展历程，研发、工艺、生产、动力总成……我们都有显著的提升，但是我们并没有构建起自己的汽车文化，中国的汽车软实力与汽车强国相比还存在很大的差距。我们的汽车文化基本上停留在外资及合资品牌所宣传的内容上，而自主品牌还处在求生存、谋发展的阶段，更谈不上构建起全民认可的中国汽车文化。因此，本土汽车企业如何通过构建自己的汽车文化来与当下流行的文化、趋势、时尚接轨，是下一个阶段我们需要认认真真思考的问题。自主品牌进一步的发展，最根本的出发点还是要让下一代年轻人喜欢用我们的车，接受我们的汽车文化。

科技与企业力量推动产业发展

对于这一轮产业转型发展，有两个力量在起推动作用。第一是科学技术的力量。十年前，当我们讨论汽车产业战略的时候，不是把技术放在第一位，而是把市场、企业的生存放在第一位。今天讨论产业战略，大家不约而同地都把目光聚焦在技术上，如互联网技术、新能源技术、智能制造技术等，技术摆在了前所未有的重要位置上。第二是企业的力量。今天的汽车产业战略，核心在于激发企业的创新活力。企业的影响力与过去相比，发生了根本性的变化。企业主导的特征非常鲜明。

在新一轮产业革命面前，汽车产业既能被颠覆，又不能被颠覆。能被颠覆是指，如果封闭、僵化、被动、保守，就一定会被颠覆；不能被颠覆是指，如果开放、进取、主动、创新，就不会被颠覆。当前，我们的产业更加开放、融合，观念更加先进，企业也更有实力了，而且有一批企业家真心支持新生事物，所以对中国汽车工业的由大做强，我们应该充满信心。汽车产业整体上是不会被颠覆的，被颠覆的只会是被市场竞争淘汰的个别企业，而未被颠覆的企业会成长壮大，最终变成世界级的汽车公司。

院长心声

当前，中国汽车产业进入到了一个关键的历史时期。中国汽车产业和全球一样，面临着新一轮科技革命引发的深刻变局，同时也遭遇到了各种制约因素的限制与阻碍，可以说中国汽车产业是在前行中纠结、在纠结中前行。

新一轮科技革命为中国汽车产业带来了一个千载难逢的机遇，又恰逢中国经济崛起，培育出一个超大的汽车消费市场。在这个看不见硝烟的战场上，虽有群雄逐鹿，但对我们来说仍有无限的商机。当然，不能简单地认为我们有市场，所以就一定能抓住这个机会。

在新一轮科技革命的大背景下，互联网+、中国制造2025、工业4.0都为中国汽车产业崛起提供了重要机遇。如能把握住机遇，中国汽车产业将大有希望。而中国如能建成汽车强国，则中国推行“中国制造2025”、建设制造强国，就有了一个坚强的支撑点，有了一个重要的基础。

汽车产业太复杂，又太重要了，它关系到国计民生的方方面面，涉及的不仅仅是汽车产业，也和其他很多重要产业息息相关。从这个意义上讲，汽车甚至可以说是整个国家竞争力的综合体现。因此，汽车强国梦应该是我们大家共同的梦想。希望大家一起努力，共同上下求索，把做强中国汽车产业的迫切愿望，转化为建设汽车强国的实际行动！

科技的创新与产业的进步是无止境的，未来社会将进入万物互联的时代，这个时代不单要靠技术的创新来支撑，更需要的是战略的创新、理念的创新、文化的创新！

02 “互联网＋”与跨界造车

积极看待互联网与汽车的融合发展

“互联网＋汽车”还是“汽车＋互联网”，其实并不重要，重要的是我们必须理解当下新一轮产业革命的脚步正在逼近。为此，企业要怎样面对它，又该怎样驾驭它，这才是关键。产业变革的关键时期，本来就需要探索，需要试验，尝试就难免有牺牲者。涌入汽车产业的新兴力量是先驱、烈士，还是最终成功的英雄，现在可能难以预判，但是每次尝试都提供了一个新的成功可能。

互联网公司在资本市场融到了很多资金，投入到汽车产业，这当然是好事；他们中有人想以互联网思维、互联网逻辑来尝试造汽车，这也不是坏事。传统汽车产业的同仁们，千万不要心存抵触，漠视、冷淡，不以为然；相反，要重视，要热情，要深以为然，要主动参与。一句话，为什么等着别人来“互联网＋”我们，而不是我们去“＋互联网”别人呢？

互联互通其实一直是人类社会的必然需求，但过去由于技术上的限制，人类的这个需求无法得到满足。而今天，信息革命、数字革命、智能革命带来了机会，人类即将实现充分的互联互通。从这个角度讲，我们不要用 30 岁、40 岁、50 岁的眼光来看汽车产业，而要用 20 岁，甚至 10 岁的眼光来看汽车产业，因为未来的汽车究竟会是什么样子，我们这一代人可能说了不算。

“互联网 +”是挑战更是机遇

“互联网 +”对汽车工业来说是严峻挑战，也是空前机遇，主要在于全行业的运行都要在“互联网 +”的环境中重新考虑布局。具体表现在两个方面：一个是电商对销售模式的冲击；还有一个是“互联网 +”通过产业链条的重组，将使汽车工业的经营模式、生产模式都发生变化，比如主机厂和供应商之间的连接、主机厂生产线的调节、主机厂本身的设计研发和生产，以及后面的质量保障与反馈，一直到和销售、服务信息的连接。因此，“互联网 +”对汽车工业来说，影响非常深远。

当前，很多中国企业的能力、规模有限，构成了实践“中国制造 2025”的巨大矛盾。为什么德国首选汽车工业作为工业 4.0 的突破口，因为其汽车工业有一个匀质的水平，有统一的技术标准。但对于中国来说，一方面生产管理水平差异太大，另一方面技术标准也不一致。我们的零部件厂有的给德系配套，用德标；有的给美系配套，就用美标；还有的用日本标准，这怎么能够协同？所以，“互联网 +”一定是一个逐步推进的过程。建议先从零部件企业自身出发，作为一个小单元先行实施，理念逐步成熟后，再扩展整合成一个大系统，从企业集团的角度向外扩展、逐步推进。如果我们的整车企业想一下子构建出类似德国宝马那样的体系，有很大的难度，但可以因地制宜，根据自己的实际情况在某个领域、某家工厂先推行合适的方案。

需要注意的是，各个企业有不同的生产工艺和技术要求，4.0也不是都适用的。比如一般的改装车厂，批量小、关联少，搞好企业内部的信息管理和联网就足够了。而大的OEM作为整车厂，要参与国际竞争，必须从自己开始，以国际水准为目标，逐步提升互联和智能的程度。大家都朝着这个方向共同前进，步伐可能参差不齐，但最终会抵达同样的终点。

互联网造车得益于中国良好的产业基础

在当前这个时间节点上来实践互联网造车，时机可能是比较成熟的。首先，中国汽车工业经过十几年的发展，现在已经成为名副其实的汽车大国，虽然我们还处在从大国到强国的迈进过程中，但具备了这样一个广阔的市场基础，优势非常明显。

其次，中国的汽车工业经过这么多年的发展，不只是具备了市场基础，也培养了很多技术和研发人才，很多人已经参与过好几代车型的设计开发了。这一人才基础也非常重要。或者说，中国目前所具备的产业基础，是互联网企业敢于跨界造车的重要原因之一。

最后，和传统的汽车公司相比，互联网企业最大的优势就是机制和文化。创建一个新生事物，开拓一片新的市场，成功是偶然的，失败是必然的。互联网企业家往往和一般的行业人士想法不太一样，他们不害怕失败，是因为他们对成功有不同的预期。此外，从互联网的角度介入，还有另外一个优势，就是真正从用户的角度出发去思考问题。成功的互联网公司都是在很小的细节上面能够满足用户的需求。

总之，中国有作为汽车大国的市场基础，有技术和人才的基础，也有国家政策支持的基础；而从互联网角度来看，我们有机制和文化方面的优势，有注重用户需求的基因，这些因素组合到一起，就是互联网跨界造车的动力。

互联网造车如何改变汽车产业

到底如何通过互联网重塑汽车产业呢？首先，至关重要的是重塑汽车企业和用户之间的关系。大部分汽车公司至少也有几十年的历史，它们和用户之间的关系都是在互联网出现之前奠定的，包括公司的组织架构、4S 店的销售模式等。但实际上，在这样的模式下，汽车企业并不真正掌握用户，掌握用户的其实是 4S 店，是保险公司，是金融机构，甚至是街边的汽修店、加油站。汽车企业将汽车卖出去之后，就不掌握什么信息了。4S 店有一个 S，就是市场信息反馈。今天来看很莫名其妙，但在以前这就是最高效的方式。

特斯拉的出现真正给这个行业带来了一些改变，比如说它采用的直销模式、优先软件研发等，这些都是非常大的改变。这些改变比它作为一家纯粹的电动汽车生产商本身的改变要大多了。毕竟电动汽车在特斯拉之前就有了，也不是什么新鲜的东西。它真正的变化，在于和用户之间所建立的直接而紧密的关系。

2016 年已经进入移动互联网时代了，现在我们花在移动互联网上的时间比在 PC 上多得多。PC 互联网到移动互联网的改变，这是一个由量变到质变的变化，它不只对汽车产业，更将对未来整个制造业产生非常深刻的影响。移动互联网时代，首先要更加注重重塑与用户的关系，不是简简单单地搞一个形式上的参与感，而要创造用户实实在在的拥有感。另外，逻辑思维上也要进行一个巨大的转变，以前大家的焦点都集中在卖车上，今后的工作重点要转变到如何服务用户、抓住用户、实现定制化生产上。

其次，重塑用户体验，要将电动汽车和移动互联网完美组合到一起，重新定义汽车的用户体验。以前我们一说汽车的用户体验，基本上讲的都是SSI（销售满意度研究）和CSI（售后服务满意度研究），而现在互联网造车要打造新的汽车品牌，理应为用户创造、让用户拥有乐趣，在用户体验方面不能把车简单地当成交通工具，而要有几倍优于现有汽车品牌的体验，这样才有可能真正改变这个行业。

最后，重塑整个汽车产业链和生态价值链。以往中国汽车企业的重点投入都在产品制造上面，在市场上更多的是竞争关系。比如有很多中国品牌，还没多少销量，就开始建设更多的基地，通过扩大产能来增强自己的竞争力。而互联网人最看重的是研究用户的体验，然后携手与合作伙伴一起制造高品质的汽车。互联网造车和现有的汽车企业之间，更多的是一个融合协作的关系，谈不上什么竞争关系，大家都做自己最擅长的事情，然后进行合作。做出的车质量可靠，能够满足目标用户的需求，获得用户认可，用户体验比现有汽车品牌好，最终实现共赢的目标。

跨界造车需尊重汽车内在规律

IT人造车，可以分为两个层次。一个是IT行业的人带着新想法，要挤进汽车行业，这本身并不是一个坏事。从历史上看，一些新想法往往会导致“鲶鱼效应”，甚至有引发整个产业产生革命的可能。另一个是IT行业的人以所谓互联网思维来打造汽车，然后和传统汽车较量，这就是两码事了。也就是说，是汽车加上一些IT的东西，还是IT的东西加上汽车，这是完全不同的。

总体上，IT企业基本都是以软件为主的企业，而汽车产业则是要造出汽车产品硬件的实体企业。而且造汽车和造手机是不同的概念，因为手机很简单，就几个模块，重点是出一个构思，然后外包，最后监督一下就能完工了。汽车的生产过程、工艺过程、设计开发流程都远比手机复杂得多，即使未来实现了互联协作的智能制造，可以减少部分人工，但生产过程本身也一点不能简化或降低标准，所以实际可能会变得更复杂了。例如，如果把物联网控制过程加上，甚至把3D打印也加上，就更加复杂了。

对于造车而言，原始创新的积淀、设计开发能力的形成、数据资料的积累、有经验工程师的培养，这些都不是一天两天的事情，更不会因为有了互联网的因素就变得不重要了。所以，认为大批IT企业涌入进来，可以颠覆传统汽车产业，这是不靠谱的。

像美国的特斯拉，其实埃隆·马斯克也是雇了一群懂汽车的人在造车，而他自己则以不懂车来做宣传。而且其实他本人也是懂高新技术制造业的，比如最厉害的火箭发射重复使用都能做，说明他既懂工程、也懂新技术的应用。

院长心声

当前，汽车产业异常火热，有各种各样的声音、各种各样的机会，来造车的似乎一下子就多了起来，而且各个新入企业都觉得自己的机会大，可以开拓出一番新天地。不仅仅是中国如此，世界其他国家的汽车产业也同样面临着全新的机遇。可以说，传统汽车产业正在重塑之中，或者也有人说是颠覆。

如果不喜欢被颠覆，那就必须提前做好应对颠覆甚至颠覆别人的准备，这就是我们所处的时代。就像十年前谁也不会想到互联网能发展到今天这样的盛况，现在也同样没有人能预测十年后的移动互联社会又会是什么样。但可以肯定的是，一定会发生翻天覆地的变化，而且这种变化将给汽车产业转型升级带来巨大的机会。

"互联网＋汽车"在一定程度上就是工业4.0和"中国制造2025"所指向的情景，包括机器相连、产业相连的万物互联，这既涉及整车厂，更关联大量的零部件企业。工业4.0是一国整个制造业的4.0，但是也得从一个企业，从一个车间，甚至从一个小小的零部件开始做起。

"互联网＋制造业"不仅仅是汽车产业本身的事情了，很多IT企业也认为自己的机会来了。实际上，汽车确实需要IT行业的新知识、新技术，要让IT来为交通工具锦上添花。但这并不意味着IT产业可以完全取代汽车产业。试想，如果造一台汽车总是死机那怎么行？因此，IT跨界进入汽车领域进行重塑极有可能，但是颠覆却做不到。只有汽车和IT双方进行有效的融合，才能实现这两个产业一起完美造车。

做强汽车产业必须真干实干，这正是中国企业家的责任和担当。在中国建设汽车强国的道路上，如果说互联网造车这类新入企业是生力军、传统汽车企业是主力军，那么任何一方的力量都不应舍弃。

中国汽车产业承载了太多人的梦想，国家也已经认识到汽车产业的重要性，在众多汽车人的努力与呼吁下，汽车产业终于写进了"中国制造2025"，这意味着未来30年汽车产业承载着中国制造业转型升级的重任。汽车产业是"中国制造2025"的载体、龙头和抓手，更是未来充满了机遇与挑战的战略产业。汽车强国梦需要传统力量的不懈努力，也需要有新的力量不断涌入。

03 人才培养与汽车文化

智能制造前景下人的全方位转变

面向互联智能的产业转型升级，将是一个大融合、大改组的过程。工程人才必须掌握一些软件的运用，知道一些管理的知识，而管理人才今后可能也要对生产过程有所了解。另外，企业管理人员的权利分配可能也会有所变化。未来会不会产生一个“互联网+”情况下的信息沟通系统总师，而不再是传统上的生产工艺总师，这都是可以设想的。

福特时代是人在管理一大堆工人和机器；但今后到了智能制造，也就是4.0的时代，是管理者在管理管理者，因为一线的工人，包括工头、工长，理论上都可以被机器取代，企业的每一个员工都是管理者。从精益生产的角度来看，这也是可以实现的。在这个时代，每台机器、每个加工的零部件都将有一个识别码，自动记录相关信息、随时反馈有无问题。而管理者需要管理的事务更综合，层次更高。

从更长远来看，恐怕我们的教育体系也要进行改变。今后大学的培养不应偏重专项的工程师，而是要掌握更多的知识。也包括MBA，现在主要只是学习一些经济学的课程，今后则要有更广泛的涉猎，比如要学计算机，了解互联网运作等，不一而足。否则作为管理者，就跟不上时代发展。一定要明白信息时代对于人才的需求与以往相比，发生了巨大的变化。

构建汽车文化

中国汽车文化现在最缺乏的是与流行文化的结合。现在的汽车广告只是在描述自己，而没有描述客户，这是最核心的问题。没有转换思维，又何谈“互联网+汽车”的变革呢？

文化的构建在很多时候需要勇敢的企业和勇敢的企业家去做勇敢的尝试。我们不妨以不同的企业和企业家为中心，尝试更多的创新与变革，也许这本身就是汽车文化中很重要的一种，未来还可以从国内走向国际。

当然，这其中肯定会遇到政策或者行业的禁锢，但是，“互联网+”

本身就意味着更加开放和更加共享。互联网既然已经把汽车产业这扇门打开了，现在总要有一些勇于创新的人冲出去，引领打造具有中国特色的汽车文化。

院长心声

传统的汽车产业面临着新的挑战和机遇，新一轮科技革命将带来消费者对汽车产品的不同需求。不仅仅是对现有汽车产品品质的改善，还有对于科技、体验以及文化的需求，这需要我们改变以往的思维方式，需要更多的人参与到这场变革中来，不仅要重塑汽车产业，还要重构汽车文化。

在中国汽车产业未来重塑的过程中，解决基本的代步需求，已经远远不是80后、90后甚至00后对汽车的追求了。因此，我们必须加紧构建中国汽车产业的软实力，要让国人一谈到车就有一种疯狂、一种爱和一种情感。当然，这可能还需要一个漫长的过程，但是文化本身也是未来支撑汽车强国梦最核心的要素之一。

无论是“中国制造2025”还是工业4.0，都是全新的制造模式。对人的要求应该说是前所未有的；对企业管理能力的要求也是前所未有的，而管理最终也会落实到人上；整个的流程、体系都要重新再造，这也要靠人来完成。展望智能制造时代，对人才的需求截然不同。原来我们更强调专才，未来则更需要通才。未来计算机的能力会越来越强，软件的应用、计算的能力、通信的能力、存储的能力、记忆的能力可能都会超过人，对这些变化，我们的技术与管理人才都必须理解和掌握。因此，未来社会一个人既要拓宽知识面，更要具备对综合问题的处理能力，我们需要更加复合型的人才。也就是说，制造业升级的挑战不仅仅在于现代企业如何转型，还涉及整个教育体系的改革。

附录 嘉宾简介

一、凤凰汽车及主持嘉宾

01 凤凰汽车

凤凰新媒体（纽交所代码：FENG）是全球领先的跨平台网络新媒体公司，整合旗下综合门户凤凰汽车（www. ifeng. com）、手机凤凰汽车（3g. ifeng. com）及移动客户端、凤凰视频（v. ifeng. com）三大平台，秉承“中华情怀，全球视野，包容开放，进步力量”的媒体理念，为主流华人提供互联网、移动互联网、视频跨平台整合无缝衔接的新媒体优质内容与服务。

作为凤凰网众多频道中专注于汽车行业的频道，凤凰汽车力求打造最准确、最详尽、最专业的车型数据及报道产品，提供最新行情及走势分析，将媒体平台与产品服务平台相结合，深度满足汽车用户需求，并与互联网移动化的趋势同步，打造 PC + 手机的全媒体服务平台。

目前，凤凰汽车 PC 端日均 UV363 万，PV6717 万，月度覆盖人数 4700 万，移动端日均 UV371 万，门户汽车排名第二位，用户份额和黏性在不断提升。

凤凰汽车品牌栏目群英荟萃，《轩辕坛》，梳理车市智慧，指点轩辕人生；《对话车迹》，车企高端访谈，指点业界江山；评论栏目《车晓》，直击热点，更有百名评论员麻辣点评，共同打造凤凰汽车媒体影响力。《购车消费评价》《汽车达人秀》《设计众议院》《砖家不知道》《LADY 咔咔》等栏目，让你的产品硬实力不被淹没在模棱两可的表达中，让实力不在没有标准的测评中变得平凡。

目前，凤凰汽车布局区域构建新渠道，为汽车网站发展提供新机会。凤凰汽车已在全国开设 106 个城市分站，通过以看车、选车、买车于一体的无缝式服务体系，向不同地域的汽车消费者提供本地化、零距离的全程关怀式购车服务。凤凰汽车以全新的理念迎接汽车市场变革，以地区为核心、城市为基础，建立覆盖全国各地的地方站网络系统，深耕二三四线城市，扩大用户群，强化品牌影响力。

02 主持嘉宾

赵福全博士，国家“千人计划”特聘专家，清华大学教授、博导，

汽车产业与技术战略研究院院长。目前主要从事汽车产业发展、企业运营与管理、技术发展路线等领域的战略研究。

在美日欧汽车界学习、工作近20年，曾任美国戴姆勒-克莱斯勒公司研究总监（Research Executive）。2004年回国，先后担任华晨和吉利两家车企的副总裁。2013年5月加盟清华大学。

现任世界汽车工程师学会联合会（FISITA）主席（2018—2020），世界经济论坛未来移动出行理事会理事，“863计划”专家委员会委员及电动汽车总体专家组成员，国家科技基础条件平台建设专家顾问组成员，美国汽车工程师学会会士（SAE Fellow），中国汽车工程学会首届会士、理事长特别顾问、技术管理分会主任委员，中国汽车精英智库联合执行主席，中国汽车人才研究会副理事长，盖斯特管理咨询首席顾问。

赵博士主持开发过近20款整车及10余款动力总成产品，拥有授权发明专利200余项，已出版中英文专著6部，其中两部英文专著已被译为中文，发表英文、日文、中文论文300余篇，在主流报刊媒体上发表产业评论50余万字，在重大国际国内论坛上发表主题演讲200余场次，获省部级以上奖项20余项。

二、第三季《赵福全研究院》嘉宾简介

01 李骏

李骏先生出生于 1958 年，吉林省长春市人，现任中国第一汽车集团公司副总工程师兼技术中心主任。2013 年当选中国工程院院士。李骏先生 1989 年毕业于吉林工业大学内燃机专业，获博士学位，曾任一汽集团公司长春汽车研究所主任工程师、一汽集团公司长春汽车研究所一级主查、一汽集团公司长春汽车研究所副总工程师、一汽集团公司长春汽车研究所总工程师、一汽技术中心总工程师、一汽技术中心主任、一汽集团公司副总工程师兼技术中心主任。突破设计、燃烧、电控和可靠耐久四项汽车发动机核心技术，建成基础技术研究平台。主持自主研发出重型系列柴油机，使一汽解放货车重型化；主持自主研发出系列汽油机，使新一代红旗高级轿车有了自主发动机；主持自主研发出柴油机电控高压共轨喷油系统，装备我军第三代中型高机动战术军车。曾获国家科技进步一等奖、二等奖各 1 项，省部级一等奖 6 项，主持完成 863 课题、973 课题 10 项，发表论文 95 篇、专著 1 部。先后获首批新世纪百千万人才工程国家级人选、全国劳动模范、2012 年何梁何利科学与技术创新奖。

02 李庆文

李庆文先生于 1998—2016 年任《中国汽车报》社长，2009—2016 年任《中国能源报》社长，2011—2016 年任中国能源汽车传播集团党委书记、董事长、总裁，兼任中国汽车工业协会副会长、中国汽车工程学会副理事长、中国汽车新闻工作者协会理事长、国家能源专家咨询委员会委员。李庆文先生多年来致力于汽车、能源专业传媒管理工作，策划开创多项在汽车和能源领域具有广泛影响力的品牌活动。走访上百家汽车、能源及相关零部件企业，与企业高层独家对话，长期开设“社长手记”“社长对话”等专栏，对汽车、能源行业发展态势有深入了解和独到见解。累计发表汽车、能源产业论述30余万字，传媒行业论述8万余字。2008年出版专著《虚心傲骨——中国汽车根性解读》。2009年主持编写《哥本哈根一路走来》。李庆文曾荣获中宣部“四个一批”经营管理人才、“中国专业报经营管理十大人物”，国家新闻出版广电总局“中国百名优秀出版企业家”等称号，并获得“社长创新奖”“中国十大报业创新人物”以及中国汽车工业协会“纪念改革开放30年中国汽车工业杰出人物”等荣誉。

03 徐长明

徐长明先生，高级经济师，现任国家信息中心信息资源开发部主任、国家发展和改革委员会高级经济师评审委员会委员、国家发改委战略性新兴产业专家委员会专家、商务部市场战略专家、《中国汽车市场展望》主编、中国汽车市场跨国公司交流平台发起人。徐长明先生主要研究宏观经济及汽车产业研究方面，已经完成多项课题，负责完成《中国汽车市场模型》，负责组建中国汽车市场预测分析系统，组织完成

《中国轿车中长期预测》，主持完成《中国汽车工业发展模型》，主持完成《分车型（重、中、轻型车及轿车）抽样调查与市场预测研究课题》，多次参加国家汽车工业年度计划和五年规划的研究工作，组织完成国家“十五”“十一五”规划中汽车市场预测课题。多次应邀在日本北九州大学、韩国韩南大学、日本汽车工业协会、日本产业学会、香港经济学家论坛、通用汽车公司、奔驰汽车公司、丰田汽车公司、美国商用运输车协会等各类国际机构发表主题演讲。为各大汽车制造商、金融机构、大学和研究机构、各种国内外论坛等做过数百次报告。

三、第四季《赵福全研究院》嘉宾简介

01 李万里

李万里先生，1952 年出生，1969 年在内蒙古锡林郭勒盟插队，1976 年毕业于北京钢铁学院（现北京科技大学）机械系，1986 年进入汽车行业管理部门，先后在中国汽车工业公司、中国汽车工业联合会、中国汽车工业总公司、国家机械工业部汽车司、国家机械工业局、国家经济贸易委员会、国家发展和改革委员会、工业和信息化部等部门参与汽车产业的研究和管理工作。曾担任处长、调研员、副巡视员等职务。2012 年在工信部退休，经工信部推荐进入中国汽车工业协会，任副秘书长。

李万里先生曾担任联合国世界车辆法规协调论坛管理委员会中国政府代表、中国—欧盟工业政策对话框架汽车工作组中方组长、中—美汽车技术法规战略合作机制成员、中—韩经济贸易合作委员会汽车工业专家工作组中方组长、中国汽车工程学会理事、全国汽车标准化技术委员会委员、中国汽车产品体系认证中心管理委员会主任、全国清洁汽车行动协调领导小组办公室成员、国家863计划节能与新能源汽车重大项目专家。2008年11月获中国汽车工业协会、中国汽车工程学会、中国汽车技术研究中心、中国国际贸易促进委员会汽车行业分会、中国汽车报社联合组织颁发的“纪念改革开放30周年杰出人物奖”。

02 吴卫

吴卫先生，1968年生于天津。1986—1991年在清华大学汽车工程系学习，获学士学位。2009—2010年在美国得克萨斯州立大学阿灵顿商学院（UTA）学习，获高级工商管理硕士学位（EMBA）。

吴卫先生曾于1991—2010年在中国汽车技术研究中心（CATARC）工作，任科研经营处副处长、办公室副主任、标准化研究所所长，兼任

C-NCAP（中国新车评价规程）管理中心常务副主任，全国汽车标准化技术委员会副秘书长。2011 年至今，吴卫先生在国家发展和改革委员会工作，任职产业协调司机械装备处处长，教授级高级工程师。

03 李昆生

李昆生先生毕业于北京理工大学车辆工程学院内燃机专业，工学硕士，高级工程师，中国汽车工程学会汽车测试技术分会副主任委员、中国石油学会石油炼制分会油品应用与开发专业委员会委员、国际清洁交通委员会（ICCT）委员。现任北京市环保局机动车排放管理处处长，1999 年以来主要负责北京市机动车排放控制标准、油品标准的制定和加油站油气回收治理工作。为控制机动车排放污染，组织并参与制定了近 20 项地方标准。在机动车排放、车用燃油、油气治理领域方面取得了突破性进展。

2002—2013 年，李昆生先生负责在北京市率先在全国组织实施了第二、三、四、五阶段机动车排放标准；同时制定了相应的燃油地方标准。2009 年至 2016 年负责组织制定和实施了三个阶段的北京市黄标车和老旧车淘汰鼓励政策。2015 年负责组织搭建了京津冀及周边七省区市机动车排放污染控制平台。目前正在组织制定和准备实施第六阶段机动车和相应油品标准。

04 赵英

赵英先生，1952 年 9 月 17 日生于辽宁沈阳，在中国社会科学院工业经济研究所工作，历任科研处长、《经济管理》杂志常务副主编、社长、工业发展室主任、国家经济风险与经济发展研究中心主任、研究员、博士生导师。享受政府特殊津贴。

赵英先生主要从事工业发展、国家安全战略方面的研究。共发表著作、论文、研究报告 400 余万字。单独撰写、主编专著 14 部，参加撰写专著 40 余部。发表论文 200 余篇。获两项国家级学术奖，12 项省部级学术奖。

在工业发展研究方面，赵英先生长期专注于产业政策和产业发展的研究。对中国产业政策进行了持续跟踪研究。从管理体制与机制、对外开放、发展战略、政策等方面对汽车工业进行了深入研究，许多成果得到国内外汽车界的重视。首先提出了军事工业的发展与改革已进入“军民融合”新阶段，对军事工业发展战略、政策、组织结构、改革路径提出了新见解。

四、第五季《赵福全研究院》嘉宾简介

01 付于武

付于武先生 1945 年出生，1970 年毕业于北京机械学院机械系，研究员级高级工程师，现任中国汽车工程学会理事长，兼任中国汽车人才研究会理事长。曾任中国一汽哈尔滨汽车变速箱厂总工程师、哈尔滨汽车工业总公司总经理、中国汽车工程学会常务副理事长兼秘书长，2012 年任中国汽车工程学会理事长。付于武先生于 2010 年主持召开了世界电动车大会，2012 年主持召开世界汽车工程师大会。主持编辑出版了 2005—2013 中国汽车产业分层报告，主持制定了多个技术规范。他还在全国范围搭建了汽车轻量化技术创新联盟，并担任电动汽车技术创新联盟的理事长。

自担任学会理事长以来，付于武先生带领团队致力于把中国汽车工程学会办成“国际知名、国内一流”的学会，旨在打造中国汽车科技的公共服务平台，使汽车工程学会真正成为科技工作者之家、工程师之家，能够聚合行业各方面的科技创新资源。

02 徐和谊

徐和谊先生，出生于1957年11月。现任北京汽车集团有限公司党委书记、董事长，北京汽车股份有限公司党委书记、董事长，北京现代汽车有限公司董事长，北京奔驰汽车有限公司董事长，北汽福田汽车股份有限公司董事长，北京新能源汽车股份有限公司董事长，北京通用航空有限公司董事长等职位。曾被评为“北京市优秀公务员”“首都民族团结进步先进个人”“北京市经济技术创新标兵”“最佳合资企业CEO”“中国汽车工业50周年最具影响力人物”“中国经济十大新闻人物”“2010 CCTV中国经济年度人物”“2014年中国最具影响力的50位商界领袖”“北京市劳动模范”“全国劳动模范”等，并享受国务院颁发的政府特殊津贴。

徐和谊先生毕业于北京钢铁学院（现北京科技大学），获工学学士，中欧国际工商学院 MBA，华中科技大学管理学博士。教授级高级工程师。曾任首钢设计院院长，首钢总公司党委常委、副总经理，北京市经委党组副书记、副主任，中共北京市委工业工委副书记等职务。中共十八大党代表，十二届全国人大代表，十一届北京市市委委员，十二届北京市政协常委，兼任中国汽车工业协会副会长，中国企业改革与发展研究会副会长，北京工业经济联合会会长，北京市企业家联合会、北京市企业协会常务副会长，北京市科协常委，北京市消费者协会副会长，首都企业家俱乐部副理事长等职，并被聘为顺义区人民政府顾问。

03 李庆文

李庆文先生简介见第三季嘉宾简介。

04 陈玉东

陈玉东先生毕业于重庆大学电机系，1991 年获美国密歇根大学硕士和博士学位。1998 年获得美国密歇根州立大学工商管理硕士学位。2007 年，加入德国博世集团汽油机系统部任高级副总裁，主管中国区的业务发展。2008 年 5 月至 2010 年 12 月期间，任博世（中国）投资有限公司执行副总裁，领导博世在中国的汽车产品的销售业务。自 2011 年起，陈玉东博士担任博世中国总裁。

05 李斌

李斌先生毕业于北京大学，获社会学学士学位，辅修法律及计算机专业。1996 年，李斌联合成立了北京南极科技发展有限责任公司，自 1996 年至 2000 年任公司董事及总经理。2000 年，李斌联合成立了北京易车电子商务有限公司，自 2000 年至 2006 年担任该公司董事及总裁。2002 年，创立新意互动广告有限公司，并出任董事长及首席执行官。2005 年，李斌担任易车公司董事会主席兼首席执行官。2010 年 11 月 17 日，易车公司在美国纽约证券交易所挂牌上市。纽交所股票代码：BITA。2014 年年底，李斌联合创办了蔚来汽车，并担任蔚来汽车董事长。2008 年，李斌被 CADA 评为三十年来中国汽车流通行业最具影响力的十大杰出人物之一。2013 年，李斌荣获“2012 年度 AD100 中国网络广告百名风云人物”称号。2014 年，李斌荣获中国汽车流通行业颁发的风云人物奖。

06 徐进

徐进先生于 1999 年从国安广告集团开始广告生涯。2004 年加入智威汤逊，2010 年升任智威汤逊总经理；2011 年升任董事总经理，领导智威汤逊在北京快速发展。2011 年 12 月加入灵狮中国，担任 CEO，在服务核心客户一汽——奥迪、Jeep 的同时，引进多个重量级客户，斩获中国艾菲金奖与年度广告公司实效排名前十、中国经典传播奖全场大奖与十佳广告公司、金投赏、金鼠标、中国长城等众多奖项。其个人也获选 2012 年度《销售与管理杂志》十大新锐管理人物和中国经典传播奖十大杰出新锐人物。2013 年 8 月，徐进先生加盟凤凰汽车担任高级副总裁。

河流入海　汪洋已现

苏瑞琦

看着眼前的汽车长龙，我在想，什么是汽车社会？中国的汽车社会到来了吗？如今，中国汽车年产销量接近三千万辆，中国汽车市场几乎汇聚了全世界的汽车品牌。但与此同时，能源制约、土地制约、环境制约等问题也普遍存在。

本着对未来的探究之心，我们将第三季、第四季以及第五季《赵福全研究院》的内容进行编纂、整理，以“探索汽车强国路”为题，在汽车强国战略、互联网＋汽车、油耗/排放法规、技术储备和碳排放等代表中国汽车产业未来发展方向的话题上进行深度探索。本册合计近16万字，包含了“赵福全研究院”第三、四、五季共八场高端对话。

《探索汽车强国路》融合了政府领导、行业专家，以及来自主机厂、零部件厂、互联网造车新势力企业等十二位汽车业界权威专家的真知灼见。希望专家们在“汽车社会”这个维度中进行的探索，能够通过政策分析和产业预判使我们了解中国建设汽车强国的道路。

第三季我们邀请李骏院士、李庆文社长和徐长明主任做客凤凰汽车。该季探究的内容是将汽车产业作为一个系统工程，而不是简简单单地考虑汽车产业本身的发展，道路、交通、环境、能源都要与汽车产业的发展相匹配，才能让整个汽车产业健康发展。记得访谈开始之前，李骏院士针对此前我们提供的采访提纲做了详细准备，手里拿着写满数字的稿子倾囊相授。

第四季，我们着眼于从政府角度来思考中国汽车产业的实践者们需要注意哪些问题，需要付出哪些努力，需要承担哪些责任。在李万里秘书长、吴卫处长、李昆生处长和赵英主任的呼吁和倡议下，让这些急于发展、壮大、扩张的企业们可以多一些警惕和沉淀。

第五季，我们以“重塑汽车产业巅峰对话”为题，实现一场来自主机厂、零部件厂、互联网造车新势力、行业协会、行业学会以及媒体大咖六方声音共话“重塑汽车产业”这一核心话题。这场对话的意义是来自不用背景、不同利益需求的群体，能够针对共同话题发表自己的观点。

这场论坛可谓是《赵福全研究院》的特别版，在赵院长的精彩主持下，从技术到战略，从管理到梦想，话题、角度可谓是全方面的。当时，本场巅峰对话也吸引了多位行业人士的关注，有一位来自自主品牌汽车企业的董事长和另一位企业的总经理通过微信联系我，希望可以看看本场对话的速记，以交流学习。

如今，自主品牌汽车已经不再是几年前我们常说的“襁褓中的婴儿”，走向成熟的自主品牌汽车破茧成蝶，重获新生。这是一个发展的阶段，也是历史发展的必然。与此同时，传统的汽车行业也需要聆听“闯入者”的声音，感受“新势力”的思想，他们绝不是“新兵”，而是潜伏多年的“老兵”。

赵福全研究院已经完成了七季，我们依然在寻找对话的魅力。这是一个喜欢听故事的时代，这是一群会讲故事的人。从嘉宾的眼神中，我看到了梦想成真的喜悦，也看到了坚定和彷徨。感受着汽车产业的波澜壮阔，也体会着企业家们荣耀的背后。

每年一册的付梓出版也是每年一次的历史总结，我们将继续努力，见证历史，见证行业的发展轨迹。我认为，只有那些经过沉淀、经过细心雕琢的东西，才能经得起时间的冲刷。

感谢胡津南先生、王巍先生的充分信任和大力支持。身处这个时代，经历、见证中国汽车产业崛起的过程是幸运的，能有机会与赵院长一起完成这件事，是幸运的！